Fritz – Schwarzer Wald und kaltes Herz

AF237574

Schwarzer Wald und kaltes Herz

111 vergleichende Miniaturen
zu einem Märchen von Wilhelm Hauff

Horst Fritz

BoD – Books on Demand

Bibliografische Information der Deutschen Nationalbibliothek:
Die Deutsche Nationalbibliothek verzeichnet diese Publikation
in der Deutschen Nationalbibliografie; detaillierte bibliografische
Daten sind im Internet über http://dnb.dnb.de abrufbar.

Lektorat: Karsten Essen
Umschlaggestaltung: Judith Kohl

Herstellung und Verlag: BoD – Books on Demand, Norderstedt

ISBN: 978-3-7528-8848-5

Vorbemerkung

Wilhelm Hauffs Kunstmärchen „Das kalte Herz" hat bis auf den heutigen Tag nichts von seinem Zauber eingebüßt. An Aktualität mag es sogar noch gewonnen haben. Die bekannte Geschichte von Peter Munk, dem Köhlerjungen aus dem Schwarzwald, der die Reichen seines Heimatdorfes beneidet und sich nach Geld und gesellschaftlicher Anerkennung sehnt. Den das Glasmännlein, der gütige Zauberer und Waldgeist, mit einer einträglichen Glashütte versorgt, freilich vergebens, weil der Beschenkte Geld und berufliche Existenz beim Glücksspiel wieder verliert. Der schließlich in einer Art Teufelspakt seine Seele an den riesigen Holländer-Michel verkauft, an den diabolischen Holzfäller und Flößer, der rücksichtslos die Wälder abholzt, dann die Baumstämme auf Nagold, Neckar und Rhein nach Holland verschifft und sie dort zu Geld macht. Verlockt durch die Aussicht auf unbegrenzte Geldmittel, tauscht Peter sein warmes lebendiges Herz gegen ein kaltes aus Stein. Der einfache Köhler, nun zum reichen Unternehmer avanciert, wandelt sich zum unmenschlichen Geizhals, der aus Geldgier sogar die eigene Frau erschlägt. Der drohenden Verdammnis entgeht der Kaltherzige nur, weil das Glasmännlein ihm eine letzte Chance zu Reue und Umkehr gewährt. Mit List gewinnt Peter sein warmes Herz vom Holländer-Michel zurück, so daß zum guten Märchenschluß ihm doch noch ein idyllisches Glück im Winkel zuteil wird, in trauter Gemeinsamkeit mit der wiedererstandenen Ehefrau und einem munteren Knäblein. – Die hier vorgelegten vergleichenden Miniaturen verorten Hauffs Erzählung in einem breit angelegten kulturhistorischen Geflecht aus Seitenblicken und Querverweisen. Dies mit dem Ziel, den Text als ein repräsentatives und äußerst hellsichtiges Szenario des bürgerlichen und frühmodernen Geldwesens kenntlich zu machen. Nicht zuletzt verdankt das Büchlein seine Entstehung der puren Lust an diesem tiefgründigen Schwarzwaldmärchen, einer Neigung, die beim Verfasser schon in früher Jugend begann und bis heute ungemindert anhält.

~ ~ ~

Jeder Erzähler ist ein Weltenschöpfer. Sein Werkzeug ist die Unterscheidung. Schon in der Genesis erschafft Gott die Welt durch die Anfangsunterscheidung Himmel und Erde, der dann weitere Unterscheidungen folgen: Licht und Finsternis, Tag und Nacht, Abend und Morgen, Wasser und Land, Mann und Frau. Das demiurgische Vermögen des Unterscheidens bestimmt den Auftakt von Hauffs Märchen *Das kalte Herz*. Der Blick von hoch oben auf den Schwarzwald verweilt nur kurz auf der Unermeßlichkeit der Tannenwälder, um alsbald auf diesen Grund die Bewohner des Landstrichs zu zeichnen. Der Unterscheidung von Natur und Mensch folgen weitere Unterscheidungen. Die Männer des badischen Schwarzwaldes unterscheiden sich merklich von denen auf *der andern Seite des Waldes*. Die Differenzierung reicht bis in die sozialen Verhältnisse. Ins Blickfeld rücken unterschiedliche Berufe: hier die Glasmacher, dort die Holzhauer und Flößer. Bekanntlich neigt der Mensch dazu, sich die Notwendigkeiten und Folgen gesellschaftlicher Differenzierung durch ästhetische Strategien sinnhaft und erträglich zu machen. Die Mode tritt auf den Plan. Bis in letzte Details der Kleidung bleiben die feinen Unterschiede und ihre sozialen Facetten erkennbar. Schon auf den ersten Blick kann man feststellen, ob man einem Glasmacher oder einem Flößer begegnet.

6

Und noch findet das ewige Spiel des Unterscheidens kein Ende. Die Vielfalt und die Gegensätze der Gesellschaft setzen sich fort in den unterschiedlichen Gestaltungen der kollektiven Phantasie. Die mythopoetische Einbildungskraft gebiert übermenschliche Wesenheiten, von den Naturgeistern bis zum Götterapparat. Holländer-Michel und Glasmännlein treten auf den Plan, Märchengestalten, in denen soziale Unterschiede und Konflikte sinnfällig zur Anschauung kommen. Die Erzählung aus dem Jahre 1828 scheint bereits, noch vor Karl Marx, zu ahnen, daß das gesellschaftliche Sein das Bewußtsein bestimmt, daß die kollektiven Bilder und die Mythen so manches von jenen Lebenswelten berichten, denen sie entstammen.

*

Schon in den ersten Zeilen bestaunt der Erzähler die *unermeßliche Menge* der herrlichen Schwarzwaldtannen. Der zunächst beiläufig wirkende Hinweis erlangt wenig später symbolische Brisanz, als die Holzfäller und Flößer Erwähnung finden, vor allem ihr Prachtanzug mit ledernem Beinkleid, aus dessen Tasche *ein Zollstab von Messing wie ein Ehrenzeichen herausschaut.* Gegen die Unermeßlichkeit des Waldes steht ein Instrument, das der Vermessung der Welt dient. Es sorgt beim Fällen und Behauen der Baumstämme für die rechten Abmessungen und gibt Gelegenheit, den natürlichen Formenreichtum der Bäume den Kriterien von Berechenbarkeit und abstrakter Normierung zu unterwerfen. Die forstwirtschaftliche Maßeinheit Festmeter kommt einem Geständnis gleich. Der Gedanke an Max Webers Begriff der Rechenhaftigkeit drängt sich auf, jene pointierende Formel, die knapp und präzise einen neuzeitlichen Weltentwurf benennt, der das Inkommensurable der Wirklichkeit ins vermeintlich stabile Gerüst der Zahlenwerte und Maßverhältnisse zu bannen sucht. Martin Heidegger spricht in kritischer Absicht vom „rechnenden Denken" der Moderne; Max Horkheimer vom Willen zur „Berechenbarkeit der Welt", von einer Aufklärung, der als Endzweck „die große Schule der Vereinfachung" vorschwebt. Daß gerade ein Schwarzwald-Märchen diese Problemlage antizipiert, kommt nicht von ungefähr. Schon zur Römerzeit galt der Schwarzwald als undurchdringliches, schwer zu betretendes Terrain, als eine Wildnis, die sich menschlichem Eroberungsdrang hartnäckig zu widersetzen schien. Der Tannenbühl, der Bezirk des Glasmännleins, vermittelt noch Restspuren solcher Erfahrungen. Eine unsichere, *ganz schaurig* anmutende Gegend, wo *das Dunkel des Tannenwaldes* Grauen einflößt, weil es *immer schwärzer* zu werden scheint. Das Bild der silva nigra gerinnt zur poetischen Topographie. Dem ließe sich unschwer der Mummelsee zur Seite stellen. Um den berühmten, heute vielbesuchten Schwarzwaldsee ranken sich seit jeher unzählige Sagen, die vom vergeblichen Versuch erzählen, das geheimnisvolle Gewässer dem Diktat der Berechenbarkeit zu unterwerfen. Im Jahre 1669 erzählt Grimmelshausen im „Simplicissimus", wie der Mummelsee sich mit einem gewaltigen Unwetter gegen seine Vermessung zur Wehr setzt. Etliche Sagen und Gedichte handeln vom ängstlichen Schauder, der die Besucher ergreift, wenn sie sich des Nachts einem See nähern, in dem, so der Volksmund, die Nixen, die Wassergeister und die Seemännlein hausen. Am Ende von Mörikes Ballade „Die Geister am Mummelsee" gewinnt dieser Schauder Züge einer archaischen Angst, die sich im Bann übermächtiger und unberechenbarer Gewalten wähnt. Hauffs Märchen zeigt mit realistischem Ge-

spür, wie die bürgerliche Gesellschaft sich dem Naturzwang zu ent-
winden sucht. Die Holzhauer und Flößer, das *Ehrenzeichen* Zoll-
stock stolz in der Tasche, *handeln mit ihrem Wald*, sie *fällen und behauen ihre Tannen, flößen sie durch die Nagold in den Neckar, und
von dem obern Neckar in den Rhein hinab*, um sie dann *um schweres
Geld* in Holland zu verkaufen. Die Fusion von Ökonomie und
technisch-mathematischer Naturbeherrschung scheint das geeignete Mittel, den mythischen Bann zu brechen. Doch die Erzählung
vom kalten Herzen berichtet auch von den fatalen Folgekosten dieses Projekts.

✳

Zwar verspricht der Erzähler im Untertitel ein Märchen, doch zunächst tritt er auf als pragmatischer und realistischer Mann der
Aufklärung, für den Wunder- und Geisterglaube der Vergangenheit
angehören: *Noch vor kurzer Zeit glaubten die Bewohner dieses
Waldes an Waldgeister, und erst in neuerer Zeit hat man ihnen diesen
törichten Aberglauben benehmen können.* Das Vertrauen ins aufgeklärte und vernunftgeleitete Denken ist unverkennbar. Im Jahr
1819 erschien das Märchen „Klein Zaches genannt Zinnober". Sein
Verfasser: E. T. A. Hoffmann, einer von Hauffs Lieblingsautoren.
Dort führt der Landesherr in seinem kleinen Fürstentum per Edikt
die Aufklärung ein. Wälder werden umgehauen, Ströme schiffbar
gemacht, und nicht zuletzt vertreibt man all jene „Feinde der Aufklärung", die noch abergläubischen Vorstellungen nachhängen, „die
keiner Vernunft Gehör geben und das Volk durch lauter Albernhei-
ten verführen". Doch die Sache geht gründlich schief. Das adminis-
trativ verbannte Irrationale schleicht sich in der Gestalt des un-

heimlichen Koboldes Klein Zaches gleichsam hinterrücks in die aufgeklärte Welt ein und macht sich dort destruktiv bemerkbar. Die Wiederkehr des Verdrängten läßt sich hier am Modell studieren. Bei Hauff kommt die Subversion der Aufklärung auf leiseren Sohlen daher. Nachdem der Erzähler befriedigt feststellen konnte, daß es gelang, den Bewohnern des Schwarzwaldes ihren Geisterglauben auszutreiben, fährt er mit einer Passage fort, die der Entzauberung der Welt nicht mehr so recht zu trauen scheint: *Sonderbar ist es aber, daß auch die Waldgeister, die der Sage nach im Schwarzwald hausen, in diese verschiedenen Trachten sich geteilt haben.* Plötzlich sind die Waldgeister wieder ein wichtiger Teil der gesellschaftlichen Wirklichkeit. Unversehens driftet die Realität ins Sonderbare und öffnet sich jener Sphäre des Aberglaubens, deren endgültige Beseitigung man zuvor der Leserschaft zur Kenntnis brachte. Nicht ohne Grund bemüht der Erzähler nun die Diskursform der *Sage*, eine Weise geschichtlichen Überlieferns, bei der die kollektive Phantasie historische Begebenheiten narrativ ausgestaltet. Realismus und Geisterglaube sind auf einmal keine Gegensätze mehr. Sie lassen sich mit dem Begriffspaar Rationales/Irrationales, dem binären Code der Aufklärung, kaum noch zureichend erfassen. Im Zuge eines raffinierten Erzählprozesses kehren die durch Aufklärung vertriebenen *Waldgeister* zurück und werden fortan zu wirkungsmächtigen Akteuren in der Welt des *kalten Herzens*.

*

Ein Köhler *hat viel Zeit zum Nachdenken über sich und andere.* Peter, am Rande der Melancholie, will raus aus der Waldeinsamkeit und aus der bedrückenden Enge des ärmlichen Köhlerdaseins, aus einer Beschränkung, die er mit nachgerade soziologischem Gespür seiner gesellschaftlichen Situation zuschreibt. Man könnte hierin die ersten Spuren eines lobenswerten Bildungsstrebens vermuten, das Bedürfnis, sich wie Wilhelm Meister ganz zu entfalten und in der Begegnung mit Welt und Gesellschaft die eigene Individualität vielseitig als das auszubilden, was Hegel emphatisch die konkrete Allgemeinheit nennt. Peter spürt, daß *sein Stand* ihn am Fortkommen hindert. Auch dies erinnert an Goethes Romanhelden, der die gelingende Ausbildung seiner Kräfte und Fähigkeiten nur gewährleistet sieht, wenn er die einförmige Existenz überwindet, die ihm die arbeitsteilige bürgerliche Gesellschaft abfordert. Goethes reicher Kaufmannssohn träumt für einige Zeit vom Adel als der sozialen Sphäre, in der seine Bildungsziele sich erfüllen könnten. Derlei Wunschbezirke sind dem armen, sozial deklassierten Köhlerjungen versperrt. Doch eben dies macht ihn zum Realisten, der instinktiv die Verfassung der Gesellschaft erspürt. Seine Tagträume richten sich nicht auf die konkrete, sondern auf die abstrakte Allgemeinheit: aufs Geld. In solchem Begehren steckt eine Menge Prophetie. Nahezu instinktiv begreift Peter die ökonomische Sphäre als entscheidende Sozialisierungsinstanz der bürgerlichen Welt. Auch weiß er bereits um die unwiderstehlichen, bis in die Triebstruktur der Einzelnen wirksamen Attraktoren, mit denen diese Gesellschaftsform die Subjekte an sich bindet. Peter träumt von den Statussymbolen, in denen die Macht des Geldes sich sinnlich-ästhetisch manifestiert. Seine Einbildungskraft berauscht sich an *stattlichen Kleidern, und an Knöpfen, Schnallen und Ketten.* Er beneidet die Reichen, die *einen halben Zentner Silber auf dem Leibe trugen.* Thorstein Veblen würde Peters Wunschphantasien wohl deuten als Sehnsucht nach conspicuous consumption.

*

Das gewaltige Vermögen des Ezechiel und seiner reichen Kumpane wirkt auf den arglosen Peter wie eine Naturmacht: *denn wer konnte Taler wegwerfen wie sie, als ob man das Geld von den Tannen schüttelte?* Das Geld erscheint hier nicht als gesellschaftliches Produkt und als Resultat menschlicher Arbeit. Es liegt durchaus im Interesse des Kapitals und der Kapitaleigner, daß dieser Verblendungszusammenhang undurchschaubar bleibt. Dabei hilft die Semantik des Naturwüchsigen. Die Metapher des vom Baum herabfallenden Geldstücks verstellt die soziale Tatsache, daß die Menschen selbst die Subjekte des ökonomischen Handelns und der dabei anfallenden Erträge sind. Von Marx bis zur Kritischen Theorie bleibt diese Einsicht der basso continuo aller Kapitalismuskritik. Erst einer gerechten Gesellschaft könnte vielleicht wieder die Unschuld der Naturbilder zuteil werden. Am Schluß des Märchens fällt in der Tat Geld vom Baum, ein Tannenzapfen, der sich in *vier stattliche Geldrollen* verwandelt. Ein *Patengeschenk* vom Glasmännlein, das von der allzu utopischen Hoffnung berichtet, daß Geld und Natur dermaleinst sich versöhnen ließen.

*

Alles mythische Denken entspringt dem Bedürfnis, mit der Übermacht der Wirklichkeit fertig zu werden. Das Unerklärliche soll erklärbar, das Unbegreifliche begreifbar, das Unfaßbare faßbar werden. Der Mythos entwirft prägnante Bilder und erinnerungswürdige Begebenheiten, die das Bedrohliche dergestalt bearbeiten, daß es sich humanem Sinnbedürfnis anverwandeln läßt. Welch übermenschliche Gewalt muß das Geld besitzen, wenn die Schwarz-waldbewohner sich das Reichwerden nur als mythisches Geschehen vorstellen können. Man munkelt, der Tanzbodenkönig, *auf einmal steinreich* geworden, habe im Rhein *einen Pack mit Goldstücken herauf-gefischt, und der Pack gehöre zu dem großen Nibelungenhort.* Das Geld, seiner Herkunft nach gesellschaftliches Produkt, scheint aus einer numinosen, allem menschlichen Wirken vorgeordneten Sphä-re in die alltäglichen Verhältnisse hineinzuragen. Augenscheinlich vermag nur der bildmächtige Mythos das Naturwüchsige und Schicksalhafte der Geldform zu fassen. Das Denkbild antizipiert die Einsicht späterer linker Theorie, die Menschen seien zwar die Subjekte ihrer Geschichte und dennoch blieben sie gefangen im Verblendungszusammenhang von Bourgeoisie und Kapitalismus. Mit dem Ergebnis, daß man sogar die eigenen gesellschaftlich er-zeugten Gebilde wie eine fatale fremde Macht erlebt. Richard Wag-ner wird später den Mythos vom Nibelungenhort nutzen, um den verhängnisvollen Schuldzusammenhang von gewaltsamer Naturbe-herrschung, Kapital und Macht ins wirkungsmächtige Bild zu fas-sen.

✳

Der Tannenbühl, Revier des Glasmännleins, markiert das Andere der Zivilisation. Dort *stand damals kein Dorf, ja nicht einmal eine Hütte.* Eine Sphäre unberührter Natur, der die *abergläubischen Leu-te* mit Bangigkeit und Scheu begegnen. Das einsame Waldgebiet scheint einigermaßen gefeit gegen den naturverbrauchenden An-sturm der Ökonomie, man munkelt, die Äxte schlügen nicht im Holz ein, sondern in den Beinen der Arbeiter. Mitunter hätten stürzende Bäume die Männer getötet, auch seien jene Flöße verunglückt, deren Stämme im Tannenbühl geschlagen wurden. Mitten in der Welt der Wirtschaftsinteressen gelingt es diesem Bezirk, den Menschen noch eine animistische, vormythische Furcht einzuflößen. Ein Ur-Wald, der an früheste Zeiten der Waldbildung gemahnt: *Peter Munk wurde es ganz schaurig dort zumut; denn er hörte keine Stimme, keinen Tritt als den seinigen, keine Axt; selbst die Vögel schienen diese dichte Tannennacht zu vermeiden.* Als gäbe es noch die Karbonwälder, von denen die Paläobotaniker mutmaßen, in ihnen müsse eine nachgerade unheimliche Stille geherrscht haben. Doch so sehr der Tannenbühl die Gegenwart fernhält, auch für ihn gilt: Es gibt kein richtiges Leben im falschen. Peter steht plötzlich *vor einer Tanne von ungeheurem Umfang, um die ein holländischer Schiffsherr an Ort und Stelle viele hundert Gulden gegeben hätte.* In diskreter erzählerischer Ironie signalisiert der Text, daß die bürgerliche Welt sogar das Ungeheure und Inkommensurable vornehmlich durch die Brille des Geldprinzips beobachtet. Die kapitalistische Ökonomie, vertreten durch den an Holländer-Michel gemahnenden niederländischen Kaufmann, kann nicht umhin, alles in die „nackte bare Zahlung" (Marx) zu verwandeln. Das erhabene Naturschöne wird nicht mehr geschätzt, sondern nur noch geschätzt.

✳

Im Tannenbühl ist Peter *ganz schaurig* zumute. Zu dieser Gemütsverfassung trägt nicht zuletzt der Umstand bei, daß *die abergläubischen Leute* meinen, *es sei dort unsicher.* Peters Wahrnehmen wird gesteuert vom Gerede, von den diskursiven Vorgaben der sozialen

Gruppe, der er angehört. Der Einzelne verinnerlicht die Wahrnehmungsdispositive, die in der Gemeinschaft sich ausbildeten und nun sein Welterleben erkenntnisleitend prägen. Dies umso mehr, als es sich um eine ländlich-dörfliche Sozialstruktur handelt. Hier bleiben die Individuen noch ganz eingehüllt in das, was Jacob Burckhardt den „Schleier des Allgemeinen" nennt. Bei Hauff scheint solche Synchronisierung von Individuum und Allgemeinheit noch sinnvoll, verspricht sie doch ein hohes Maß an Orientierungssicherheit. Der Einzelne agiert und erlebt am Leitfaden des Allgemeinen und findet hierin die verläßliche Basis seines Weltvertrauens. Fünfzehn Jahre später wendet Friedrich Hebbels Gedicht „Böser Ort", geschrieben in der Weltstadt Paris, diese Konstellation ins Paranoide. Ein Wanderer imaginiert sich den Wald zum bedrohlichen Terrain, weil das kollektive Gerede sein Erleben und seine Weltsicht steuert: „Man spricht von bösen Orten, / Dies ist ein böser Ort!" Doch nun gerät die diskursive Prägung zur Erkenntnisfalle. Wahrnehmung wird auf fatale Weise eigensinnig. Alles weitere Anschaun dient fortan nur noch dem Zweck, das Bild vom bösen Ort zu bestätigen. Das rot-weiße Farbenspiel einiger Blumen, wohl eher eine dekorative Laune der Natur, deutet der Wanderer als Indiz eines Mordes, der hier vor einiger Zeit sich ereignet haben muß. Das verhexte Sehen macht aus dem Weiß der Blüten die fahle Farbe des Todes. Das Dunkelrot einer anderen Blume gebiert zwanghafte Vorstellungen von vergossenem Menschenblut. Der Wanderer glaubt schließlich, er stünde am Grabe eines erschlagenen Menschenbruders. Die vom kollektiven Reden erzeugten Gewaltphantasien steigern sich am Ende zur brutalen Aggression, der die rote Blume zum Opfer fällt: „Du sollst dich nicht länger brüsten / Auf meines Bruders Grab / In deinem gestohlnen Purpur, / Ich räch' ihn und breche dich ab!" Die durch menschliche Naturbeherrschung erzeugte Gewalt ereilt das Subjekt in Gestalt bedrohlicher Phantasmen. Mit ängstlichem Schaudern steht der Mensch vor den Bildern einer Gefährdung, die er selbst in die Welt brachte.

*

Der dunkle Tannenwald des Glasmännleins wehrt sich gegen die Zudringlichkeiten der Zivilisation. Nur sanfte Strategien versprechen Erfolg, will man in Fühlung geraten mit dieser Sphäre, nur solche Verhaltensweisen, die vorab auf Ausbeutung und Verfügung verzichten. Peters Kommunikation mit dem guten Waldgeist läßt, wo sie endlich gelingt, ein alternatives Verhältnis von Mensch und Natur erahnen. Das Werkzeug, dem die dunkle Welt des Tannenbühls sich öffnet, ist nicht die Axt, sondern der Reim, das zu friedlicher musikalischer Konsonanz gebrachte menschliche Wort. Der Bittsteller rückt so in die Nähe einer berühmten literarischen Szene, in welcher der Reim zum Glücksversprechen und zum Symbol der Versöhnung wird. Zur Entstehungszeit von Hauffs Märchen entwirft Goethe für den „Faust II" die sogenannte Reimfindungsszene. Faust, der bislang mit imperialer und verfügender Geste der Welt gegenübertrat, erhält bei der Begegnung mit Helena eine Lektion in dem, was Goethe mit dem glücklichen Wort „zarte Empirie" beschreibt. Er lernt ein mimetisches Verhältnis zum Anderen kennen, in dem es kein Verfügen und kein Beherrschen gibt. Dieses Modell der Versöhnung stellt sich her im Moment, wo beider Rede sich wie selbstverständlich zum Reim ergänzt, zum musikalischen Signal eines gewaltlosen Zueinanderfindens, das die Liebenden reif macht für den späteren Aufenthalt in Arkadien. Im Zusammenklang der Laute, wie ihn jeder Reim stiftet, ist stets auch Musik anwesend. Und so schimmert in Peters Reimworten, die sich den Naturgeist gewogen machen, auch etwas vom Orpheus-Mythos durch, der vom besänftigenden Zauber eines Gesanges berichtet, der die Steine erweicht und die wilden Tiere zu freundlicher Teilnahme lockt. Doch man darf nicht vergessen: Peter geht es um Geld und Sozialprestige.

✳

Peters erste Kontaktaufnahme mit dem Glasmännlein erweist sich als schwieriges Unterfangen. Nachdem das erforderliche Reimwort sich nicht einstellen will, erliegt der Bittsteller seiner *Ungeduld* und versucht die Begegnung herbeizuzwingen: *„Warte, du kleiner Bursche", rief er, „dich will ich bald haben!", sprang mit einem Satz hinter die Tanne, aber da war kein Schatzhauser im grünen Tannenwald, und nur ein kleines, zierliches Eichhörnchen jagte an dem Baum hinauf.* Gerade der Gestus des unbedingten Habenwollens bringt es mit sich, daß das Objekt der Begierde sich entzieht. Das Tier treibt sogar seinen Schabernack mit dem Köhlerjungen und macht dessen Ohnmacht sinnfällig. Sein Oszillieren zwischen Menschen- und Tiergestalt bringt vertraute Wahrnehmungsmuster durcheinander, so daß Peter sich *endlich fürchtete*. Ein leises Grauen überkommt ihn, *denn er meinte, es gehe nicht mit rechten Dingen zu.* Alle Versuche, durch Nötigung und Zwang der Natur habhaft zu werden, müssen scheitern, weil gerade solche Inbesitznahme jenes Elementare verfehlt, um dessen Anverwandlung es eigentlich gehen sollte. Aus Peters Übereilung spricht ein modernes Weltverhältnis, das laut Heidegger die Natur nur als „Gegenstand eines einzigen Willens zur Eroberung" zu begreifen vermag und sich der Gefahr aussetzt, „daß die Natur in der Seite, die sie der technischen Bemächtigung durch den Menschen zukehrt, ihr Wesen gerade verbirgt." In seinem „Grünen Heinrich" macht Gottfried Keller diesen neuzeitlichen Willen zur Macht sogar an einem heiklen ästhetischen Zugriff auf die Welt dingfest, der das Inkommensurable der begegnenden Natur nicht zu achten vermag. In einer Szene, die durchaus an Peter Munks ersten Tannenbühl-Besuch erinnert, begibt sich Heinrich Lee, voll jugendlichen Überschwangs, mit seinem Skizzenbuch in den Wald, um dort eine gewaltige Buche zu zeichnen. Einen alten prächtigen Baum, von dem der junge Maler glaubt, er könne „mit leichter Mühe seine Gestalt bezwingen". Doch der Versuch scheitert kläglich. Wie das Eichhörnchen mit Peter Munk, so treibt auch der Baum seinen Schabernack mit dem so siegesgewissen Maler: „Die Sonnenstrahlen spielten durch das Laub auf dem Stamm, beleuchteten die markigen Züge und ließen sie wieder verschwinden, bald lächelte ein grauer Silberfleck, bald eine saftige Moosstelle aus dem Helldunkel, bald schwankte ein aus den Wurzeln sprossendes Zweiglein im Lichte, ein Reflex ließ auf der dunkelsten Schattenseite eine neue mit Flechten bezogene Linie entdecken, bis alles wieder verschwand und neuen Erscheinungen Raum gab." Die lebendige Dynamik der Natur bleibt unfaßbar einem Willen, dem es nur darum geht, das begegnende Andere zu „bezwingen". Was Heinrich dann aufs Skizzenblatt strichelt, gerät folgerichtig zum Protokoll des Mißlingens: „Wie ich aufsah und das Ganze überflog, grinste ein lächerliches Zerrbild mich an wie ein Zwerg aus einem Hohlspiegel". Die Natur hingegen zieht sich zurück, der Baum verschwindet „im Schatten seiner Brüder." Der Künstler steht mit leeren Händen da: „Ich sah nichts mehr als eine grüne Wirrnis und das Spottbild auf meinen Knien."

＊

In nahezu jedem Wort eines Textes hat sich Menschheitsgeschichte abgelagert. Als Peter auf dem Weg zum Glasmännlein den Tannenbühl betritt, heißt es von diesem Waldgebiet, es sei dort *unsicher*. Der unsichere Wald: eine Bildfügung, die den Blick in die Tiefen der Zivilisations- und Kulturgeschichte lenkt. Sie gemahnt an die Gefahren und Widrigkeiten einer Umwelt, in die hinein der Mensch Lichtungen schlug, auf denen er seßhaft werden konnte. Doch waren dies stets Inseln einer nur bedingten, oft trügerischen Sicherheit. Jenseits der Siedlungsgrenze gab es nach wie vor den tiefen Wald, eine bedrohliche Wildnis, das Andere der vom Menschen mühsam und sporadisch erbauten Ordnung. Wo immer es darum geht, Gegenwelten von Kultur und Zivilisation zu bebildern, bedient man sich häufig der Metaphern von Wildnis, Wald und Unterholz. Im Märchen verirren sich die Kinder im Dickicht der Bäume und im Laubgewirr der Äste. Doch auch gestandene Denker geraten auf jene „Holzwege", von denen Martin Heidegger sagt, daß sie „meist verwachsen jäh im Unbegangenen aufhören." In so manchen Texten des Mittelalters beginnt an der Waldgrenze der Abstieg in die Unterwelt. Das bekannteste Beispiel bietet Dantes dunkler Wald, durch den zu Beginn der „Divina Commedia" der Weg zum Inferno verläuft. Der Pfad führt in die Irre. Der Erzähler muß erkennen, daß er „den rechten Weg verloren hatte". Noch bis in die philosphische Anstrengung reicht diese Metaphorik. Descartes begreift sein auf Klarheit und Unterscheidung abgestelltes kritisches

Geschäft als eine Art Expedition durch wilde und unzugängliche Waldgebiete. Von Herder über Novalis bis hin zu Eco und Derrida bemüht man die Waldmetapher, wenn es um Erkenntnisweisen geht, die sich rationalen und logozentrischen Deutungsansprüchen nicht so ohne weiteres fügen wollen. Wie im Tannenbühl die Holzarbeiter beim Schlagen der sakrosankten Bäume in Gefahr geraten, so kommt der Interpret in Schwierigkeiten, wenn er glaubt, das wirre Dickicht der Zeichen und Bedeutungen den Imperativen strikter Eindeutigkeit unterwerfen zu können. Baudelaire spricht von der Natur als „forêt de symboles". Im Jahre 1999 sorgte weltweit der Film „The Blair Witch Project" von Daniel Myrick und Eduardo Sanchez für Furore. Er handelt von drei Filmstudenten, die sich in die riesigen und unzugänglichen Wälder von Maryland aufmachen, um dort eine Dokumentation über die in jener Gegend sagenumwobene Hexe von Blair zu drehen. Doch der Versuch, mit der heutzutage allmächtigen Filmkamera dem Geheimnis des Waldgeistes auf die Spur zu kommen, scheitert kläglich. Die drei Neugierigen bleiben für immer verschollen, als habe der Wald sie verschlungen, um sie nie wieder aus seinem Bann zu entlassen. Die späte und zeitgenössische Reprise von Eichendorffs „Kommst nimmermehr aus diesem Wald." Bei der Suche nach den Verschollenen stößt man nur noch auf einige verstreute Filmbänder, auf seltsame Zeugnisse einer Begegnung mit der undurchschaubaren, Grauen erregenden Waldregion. Der Film läßt die Zuschauer in Angst und Ratlosigkeit zurück. Die Ursache des mysteriösen Verschwindens bleibt unaufgeklärt. Selbst der moderne Panoptismus, anspruchsvoll vertreten durch die allgegenwärtige Filmkamera, kann das „Blair Witch"-Rätsel nicht lösen. Nach wie vor bleibt der Wald *unsicher.*

*

Der Machtbereich des Glasmännleins hat sein markantes Zentrum: die *Tanne von ungeheurem Umfang* auf dem *höchsten Punkt des Tannenbühls*. Ein Baum von mythischer Erhabenheit, spätes Relikt der archetypischen Phantasiebilder, mit denen die Menschen von alters her den Baum als axis mundi, als Nabel und Weltmitte imaginierten. Vom Erkenntnisbaum des Gautama Buddha über die nordgermanische Weltenesche Yggdrasil bis hin zum heiligen Yaxché-Baum der yukatekischen Maya. Womöglich zeigen sich noch versprengte Spuren animistischer Baumverehrung, wo Peter *seinen großen Sonntagshut* zieht und *vor dem Baum eine tiefe Verbeugung* macht. Dem entspricht die menschlichem Begreifen nur schwer zugängliche Existenzweise des Glasmännleins. Ein proteushafter Verwandlungskünstler, der die Gabe besitzt, auch in Tiergestalt daherzukommen. Mit derlei Fähigkeiten gemahnt er an frühe Zeiten des wilden Denkens, in denen jeder Baum beseelt war und den unterschiedlichsten Elementargeistern als Wohnsitz diente. Von solchen Reminiszenzen zehrt noch Mörikes Gedicht „Die schöne Buche". Das entzückte Anschaun eines herrlichen Baumes gebiert den epiphanischen Moment, welcher mit der Prägnanz des Mythischen plötzlich „des Hains auflauschende Gottheit" zur Erscheinung bringt. Doch diese Apparition ereignet sich nur im fernen „Zauber-Gürtel" des Waldes. Die Wunschbilder des Peter Munk verraten freilich, daß in Zeiten der mehr und mehr versachlichten und zugerichteten Natur die Scheu vor dem Numinosen bereits durchsetzt ist von den Spuren bürgerlicher Zweckrationalität. Hinter Peters Ehrfurcht lauert das heimliche Begehren nach Geld. Zwischen der waldverbrauchenden Holzindustrie und den Ambitionen des Köhlerjungen besteht eine verborgene Affinität.

*

Die *Sage* vom Holländer-Michel läßt sich lesen als Urszene des Kapitalismus. Die erzählerische Präsentation verleiht dem diabolischen Riesen das Gepräge mythischen Herkommens. Für einen exponierten Moment scheint die Aura der alten Epen wiederzukehren, das mündliche Erzählen von längst vergangenen Zeiten und Begebenheiten. Der betagte Großvater, natürlicher Gewährsmann für das „Es war einmal" der Märchen, versammelt um sich die Kinder und Kindeskinder, auch den herbeigereisten Fremden. Er möchte *einmal recht schön* vom Holländer-Michel berichten, von dem man bislang *nur undeutlich hatte sprechen hören*. Der *Ehni*, ein im Sinne Thomas Manns „raunender Beschwörer des Imperfekts", wird zum wissenden Führer ins Gestern, in den tiefen Brunnen der Vergangenheit. In diesem Zeitgefüge verunklärt sich alles Genaue und Berechenbare: *Vor etwa hundert Jahren, so erzählte es wenigstens mein Ehni, war weit und breit kein ehrlicheres Volk auf Erden als die Schwarzwälder.* Das Erzählen hat Teil an oraler Tradition. Der Großvater beruft sich auf die mündlichen Äußerungen seines Großvaters, wobei die Zeitangabe diffus bleibt, da man nicht genau weiß, welchem der beiden Alten die Rückschau auf *etwa hundert Jahre* zuzuordnen wäre. An die Stelle chronischen Berichtens tritt das Inkommensurable der mythischen Zeittiefe. In solch erzählerischer Einbettung weckt das Bild vom vormals ehrlichen Volk der Schwarzwälder Assoziationen an eine frühe Welt der Unschuld, an paradiesische Verhältnisse. Doch kein Paradies ohne Sündenfall, dem alles Negative und Falsche der Gegenwart anzulasten wäre. *Jetzt, seit so viel Geld im Land ist, sind die Menschen unredlich und schlecht.* Es gab augenscheinlich einen Moment, wo man durch das Übermaß des Geldes die Unschuld und das Paradies verlor. Die Rolle des satanischen Versuchers spielte dabei der *arglistige* Holländer-Michel, dessen Flößerstange wohl nicht zufällig die Fähigkeit hat, sich in *eine ungeheure Schlange* zu verwandeln. Die Erzählung des Großvaters enthüllt die Geschichte eines folgenreichen Sündenfalls. Beim ehrlichen und frommen Holzherren, dessen Geschäft allzeit *gesegnet* war, erscheint plötzlich der riesige Michel, der die idyllischen Verhältnisse grundlegend ändert und den Kapitalismus als neues Realitätsprinzip inthronisiert. Der Versucher und Reformator erscheint wie aus dem Nichts, aus dem mythischen Dunkel einer völlig unbekannten Sphäre. Dies verleiht ihm Züge einer undurchschaubaren Naturmacht.

*

Holländer-Michel bringt den Menschen des Schwarzwaldes den Kapitalismus. Er bedient sich dabei einer recht differenzierten Strategie der Verführung, die überraschenderweise zu Anfang noch jeglicher Magie und Zauberei entbehrt. Vom Herztausch ist zunächst keine Rede, umso mehr aber von hohen Gewinnspannen beim Direktverkauf der Holzstämme in Holland. Wie eine religiöse Formel stellt der *arglistige Michel* das Wort *Profit* in den Raum, und schon setzt sich bei fast allen Beteiligten eine fatale Mechanik des Begehrens in Gang. Das strategische Kalkül ist klar. Bevor die Menschen sich via Herztausch dem Versucher ausliefern, muß man sie zunächst mental präparieren und ihr Sinnen und Trachten auf Geld-

und Profitgier ausrichten. Holländer-Michel implementiert mit seiner Wohlstandsverheißung den Kapitalismus direkt in die kollektive Wunschmaschine. Es entsteht ein neues psychosoziales Dispositiv, das bislang gültige Verhaltensweisen und Präferenzen zersetzt und einem radikalen Mentalitätswandel Vorschub leistet: *unvermerkt kam Geld, Flüche, schlechte Sitten, Trunk und Spiel aus Holland herauf.* Nun braucht der Verführer nur noch zu warten, bis das allgemeine Profitdenken zur enthemmten Geldgier entartet, für deren Befriedigung die Menschen sich dann auch bereit finden, ihre Herzen und ihre Seelen zu verkaufen. Es fällt auf, daß Holländer-Michel vor allem mit der Kraft des Wortes diesen kollektiven Mentalitätswandel herbeiführt. Formeln wie *aber hier sprach Michel* oder *so sprach der arglistige Michel* rücken die Rede des Verführers gar in die Nähe biblischer Verkündigung. Gegen derlei diabolische Eloquenz gibt es kein Gegenmittel. Schon Adam und Eva mußten dies leidvoll erfahren. Nur eine einzige redliche Stimme erhebt sich mahnend gegen Michels Vorschläge, doch sie bleibt ungehört. Hauffs sprachmächtiger Riese scheint bereits eine Ahnung zu vermitteln von der psychophysischen Kraft und Wirkung des Wortes. Er antizipiert das spätestens seit Michel Foucault hochaktuelle Problem der diskursiven Modellierung des kollektiven Bewußtseins und schließlich des kollektiven Unbewußten. Nur wenige Monate nach Hauff läßt Goethe im „Faust II" seinen Mephisto zu ähnlichen Strategien greifen, beim erfolgreichen Versuch, dem Kaiser und dem Volk das Papiergeld als neuen Heilsbringer schmackhaft zu machen. Auch dieser Verführer fällt nicht gleich mit der kapitalistischen Tür ins Haus. Vielmehr geht es ihm zunächst um eine Veränderung des Sprechens. Das kollektive Denken wird subtil auf die universelle Semantik des Geldes justiert. Mephisto agiert als

Souffleur des Astrologen. In dessen Rede von den Gestirnen schmuggelt er geschickt die Assoziation Gold/Sold ein, mit dem Effekt, daß von nun an sich das Kapital in den Hirnen der Menschen als neue metaphysische Ordnungsmacht festsetzt. Auf diesem neubestellten Feld des kollektiven wie individuellen Begehrens wird dann in der Folge die Saat des Papiergeldes prächtig aufgehen.

*

Das Frieder-Burda-Museum, am Fuße des Schwarzwaldes in Baden-Baden, zeigt eine Arbeit von Sigmar Polke aus dem Jahre 1971. Der Titel: „$-Bild". Wie beim Holländer-Michel geht es um die diabolische Inthronisation des Geldprinzips. Der Finger des Schöpfergottes fährt demiurgisch in ein eiförmiges Gebilde und erweckt dort den Menschen aus dem Dunkel zum Licht. Sechs planetengleiche Kreisflächen umschweben die Urzeugung. Ein glücklicher, paradiesischer Schöpfungsmorgen, wäre da nicht in der rechten Bildhälfte die goldene Schlange, die eine der runden Scheiben im Rachen hält. Auf dieser prangt in Goldschrift das Dollarzeichen. Der Versucher usurpiert die Semantik der Gestirne und verwandelt sie ins global gültige Geldzeichen. Die monetäre Gegenschöpfung erfolgt zeitgleich mit der Erschaffung des Menschen. Polkes Bild berichtet von einem gesellschaftlichen Verblendungszusammenhang, in dem die Subjekte den Kapitalismus nicht mehr als revisionsfähige historische Gegebenheit erfahren, sondern als uranfängliches Apriori des Menschengeschlechtes.

*

Holländer-Michel als Palimpsest. Der gewaltige Holzfäller und Flößer stellt sich in eine bedeutsame Traditionslinie. Gilgamesch, wagemutiger Held im ersten bekannten Epos der Menschheitsgeschichte, will durch erinnerungswürdige Taten ewigen Ruhm erlangen und so dem Schicksal der Sterblichkeit entgehen. Eines seiner Großprojekte: er macht sich daran, die riesigen Zedern eines bislang unbetretenen Waldes zu fällen. Zugleich betätigt er sich als erster Flößer. Er transportiert die Baumstämme über die Wasserstraße des Euphrat und verwendet sie als Bauholz für einen prächtigen Palast. – Giambattista Vico läßt in seiner „Scienza Nuova" die Geschichte der menschlichen Zivilisation bei den Giganten beginnen, welche die ersten Wälder rodeten. – In der Mummenschanzszene des „Faust II" brechen die Holzhauer „ungestüm und ungeschlacht" ins fröhliche Hoftreiben ein, Vertreter und Sendboten jener Gewaltsamkeit, mit der menschliche Naturbeherrschung die ersten Lichtungen ins Dickicht einer widerständigen Umwelt schlug. – Schließlich die unwiderstehliche Überredungskunst des Holländer-Michel. In Dantes „Divina Commedia" überzeugt Odysseus seine Schiffskameraden von der Notwendigkeit, die Meerenge von Gibraltar zu durchfahren. Überschritten wird die bislang gültige und respektierte Grenze der Alten Welt, „wo Herakles gesetzt sein Warnungszeichen, / Daß drob hinaus es nicht den Menschen dränge". Dem Listenreichen gelingt die Verführung mit einer kurzen, aber wirkungsvollen Rede, deren suggestiver Wirkung sich niemand entziehen kann.

*

Holländer-Michel verfügt über ein Kraftpotential, das ihn beim naturverbrauchenden Holzschlagen zu Leistungen befähigt, wie sie erst das Maschinenzeitalter kennt. Zugleich ist er ein Mann des neuen Tempos. Mit seiner gewaltigen übermenschlichen Kraft saust er *wie ein Pfeil* auf seinem Floß über Neckar und Rhein, so daß nun die Flößer nicht weniger staunen als zuvor die Holzhauer. Der unheimliche Helfer bringt bislang ungekannte Geschwindigkeitsparameter in das die Wasserstraßen nutzende Transportwesen. Er öffnet die vormals behäbige Flößerei für die Imperative neuzeitlicher Zeitersparnis. Er personifiziert die von der bürgerlichen Ökonomie erzwungenen Tempoverschärfungen: die gesteigerte Produktionsgeschwindigkeit ebenso wie den möglichst raschen Vertrieb der Erzeugnisse. Die Bourgeoisie schickt sich an, Welt und Gesellschaft nach ihrem ökonomischen Bilde zu formen und zu beschleunigen. Dem Hochgeschwindigkeitsfloß des Holländer-Michel wird im Jahre 1816 auf der Strecke Frankfurt–Rotterdam das erste Dampfschiff folgen, ein Verkehrsmittel, bei dem die Kölner Zeitung ob seines Tempos nicht umhin kann, von einem „Wunderschiff" zu sprechen. Die Erzählung nimmt auch die anthropologischen Folgewirkungen der neuen Dynamik in den Blick. Es *flog der Floß dahin, daß das Land und Bäume und Dörfer vorbeizujagen schienen.* Die vom diabolischen Helfer vorgelegte Geschwindigkeit ist geeignet, altvertraute menschliche Wahrnehmungsdispositive zu verändern. Die stabile Tektonik der Außenwelt verwandelt sich in einen Strudel flüchtiger, rasch vorübereilender Impressionen. Die Ästhetik des Verschwindens, eines der großen Themen in Kunst und Literatur des 19. Jahrhunderts, kündigt sich an. Wenig später spricht Lenaus Gedicht „Der Postillion" vom „Traumesflug" einer rasenden Kutschenfahrt, bei der Wald und Flur so rasch entschwinden, daß der Blick des Reisenden sie nicht mehr fixieren kann: „Kaum gegrüßt – gemieden". Sehr schnell wird solches Wahrnehmen habituell. Flaubert läßt seinen Roman „L'Éducation sentimentale" mit einer Schiffsfahrt auf der Seine beginnen, bei der die das Ufer säumenden Häuser sich entrollen wie große Bänder. Die Wirklichkeit als trottoir roulant, so Prousts treffende Beschreibung des Flaubertschen Erzählens. Nichts ist mehr stabil. Die Moderne bringt ein neues panta rhei in die Welt. Cézanne reagiert darauf mit der Empfehlung, man müsse sich beeilen, wenn man noch etwas sehen wolle, denn alles verschwinde. Nicht zu vergessen die ersten Eisenbahnfahrer, die wie Hans Christian Andersen oder Victor Hugo mit ängstlicher Faszination eine vorbeihuschende Außenwelt beschreiben, die schon deutliche Merkmale des Impressionistischen aufweist.

✻

Holländer-Michel gelangt zur Macht durch eine Doppelstrategie, in der gesellschaftliche Naturbeherrschung und Kapital zusammenwirken, sich sogar wechselseitig stimulieren. Der neue Arbeiter, ein Riese von Gestalt, zudem ausgestattet mit übermenschlichen Kräften, betreibt Waldarbeit und Baumschlagen mit bislang ungekannter Produktivität. Er steigert die Fällquote auf ein Niveau, als verfügte er schon über jene hochwirksamen Kettensägen, mit den es heute ein Leichtes ist, zu Profitzwecken in nur wenigen Jahren riesige Regenwälder abzuholzen. Holländer-Michel steht für einen hemmungslosen Umgang mit den natürlichen Ressourcen, der nur solche Schranken anerkennt, die von den Grenzen der eigenen technischen Leistungsfähigkeit gesetzt werden. Derlei technologische Effizienz, einmal in die Welt gekommen, hat die Tendenz, in alle Bereiche menschlicher Naturaneignung einzudringen. Der dämonische Riese revolutioniert neben der Waldarbeit auch das Flößergewerbe. Das Über-Menschliche seiner Kräfte, Allegorie des zur eigenständigen Maschinenwelt geronnenen menschlichen Werkzeuggebrauchs, steigert die Produktivität der Flößerarbeit in atemberaubende Dimensionen. Der unheimliche neue Kollege vervielfacht den Ausstoß der verschiffbaren Flöße und wird zum Propheten künftiger holzindustrieller Tendenzen und Errungenschaften. Einige Jahrzehnte nach Hauffs Erzählung beginnt man in Kanada mit dem Bau riesiger Flöße aus bis zu 25.000 Baumstämmen.

*

Im Spätsommer 1831, fast drei Jahre, nachdem Holländer-Michel das Licht der literarischen Welt erblickte, fügt Goethe seinem „Faust II" noch einige Szenen hinzu, die er dem fünften Akt als Auftakt voranstellt. Es geht darin um Fausts ehrgeiziges Deichbau-Projekt, um den kühnen Plan, dem Meer neuen fruchtbaren Boden abzuringen. Das Unternehmen verläuft erfolgreich, weil Faust mit Mephisto ein übermenschlicher Helfer zur Seite steht, der über jene beiden Schlüsselkompetenzen verfügt, die auch Holländer-Michel so effektiv agieren lassen. Zunächst die ins Übermenschliche gesteigerte Naturbeherrschung. Hauffs riesiger Waldgeist kann beim Baumschlagen mit atemberaubender Fällquote und blitzschnellem Holztransport aufwarten. Mephisto bringt in kürzester Zeit die gewaltigsten Erdaushebungen und Dammaufschüttungen zuwege: „Wo die Flämmchen nächtig schwärmten, / Stand ein Damm den andern Tag." Hinzu kommt der ungezähmte Wille zu

globaler Expansion. Holländer-Michel organisiert, unter Miß-
achtung regionaler Bindungen, den Direktverkauf der Holzstämme
bis an die Meeresküste. Mephisto agiert als Fausts Handelsagent
und Superkargo, der mit seinem Schiff die Weltmeere befährt und
beträchtliche Gewinne einheimst. Er kehrt zurück in den heimatlichen Hafen, „reich und bunt beladen mit Erzeugnissen fremder
Weltgegenden." Unverhohlen propagiert er, was Marx später die
„eine gewissenlose Handelsfreiheit" nennen wird. Knapp und brutal bilanziert Mephisto den ökonomischen Erfolg seiner Handels-
touren: „Krieg, Handel und Piraterie, / Dreieinig sind sie, nicht zu
trennen." Schon Holländer-Michel wirft alle humanen Bedenken
über Bord, wo es darum geht, maximale Profitraten zu erzielen.
Wer solchem Gewinnstreben mit moralischen Argumenten begegnet, dem droht die Gefahr der physischen Vernichtung. Von Me-
phistos Deicharbeiten heißt es: „Menschenopfer mußten bluten, /
Nachts erscholl des Jammers Qual."

⁎

Eine jüdische Spruchweisheit: „Holz hat im Walde andern Wert /
Als wenn man es zu Markte fährt." Ähnliches scheint auch dem
Glasmännlein am Herzen zu liegen. Die Bäume sind für den *Herrn
des Waldes* weit mehr als Nutzholz und Handelsware. Nur wo man
um diesen nichtökonomischen Mehrwert weiß, darf man an forstwirtschaftliche Gewinne denken. Man muß sensibel bleiben für
das Andere des Waldes, das sich erst jenseits der Ökonomie mitzuteilen vermag. Der Tannenbühl, nachgerade der heilige Bezirk des
Glasmännleins, macht diese Forderung zur Raumerfahrung. Seine
prachtvollen Tannen dürfen nicht geschlagen werden. Wo dieser Ta-

bubruch dennoch geschieht, ereilt den Frevler, selbst noch in der Ferne, die Rache dieser arkanen Sphäre: ein Schiff mit Planken vom Tannenbühl verunglückt mit *Mann und Holz.* Nur Holländer-Michel kennt keine Ehrfurcht: *Aber so viel ist gewiß, daß er noch jetzt in solchen Sturmnächten im Tannenbühl, wo man nicht hauen soll, überall die schönsten Tannen aussucht.* Er wird erst dann Ruhe geben, wenn Wald und Profit zu Synonymen geworden sind, wenn die Ökonomie es geschafft hat, den geldexternen Mehrwert des Waldes vergessen zu machen. Spätere Literatur hat mit auffälliger Häufigkeit die Verdinglichung und Eindimensionalität des ökonomischen Denkens an den Themen Wald und Baum festgemacht. In Ostrowskis satirischer Komödie „Der Wald" spielen die herrlichen Bäume nur noch ihre Rolle als totes Kapital und Spekulationsobjekt. Wie später auch der Kirschgarten in Čechovs gleichnamigem Stück mehr und mehr pekuniären Überlegungen anheimfällt. Wenige Jahre später bemächtigt sich mit Carl Sternheims „Kassette" die deutsche Komödienliteratur des Themas. Die Erbtante Elsbeth Treu besitzt ein dickes Paket Bayerischer Staatspapiere, deren besondere Solidität dem Umstand zu danken ist, daß ihr Wert auf „Zinsgarantien in Forstbeständen" beruht. Der wilhelminische Oberlehrer Heinrich Krull, als Neffe der kinderlosen Tante in gieriger Erwartung, dermaleinst die Wertpapiere erben zu können, macht daraus eine nachgerade perverse Denkfigur: „Gewissermaßen hat Bayern jahrhundertelang aufgeforstet, mir Garantie für mein Geld zu leisten." Der Wald als pures Mittel zum Geldzweck. Robert Musil, mit Sternheims Dichtung wohlvertraut, gelingt im „Mann ohne Eigenschaften" eine satirische Pointe, die der romantischen Waldeslust den Garaus macht. Der Held Ulrich und seine Cousine Diotima fahren im offenen Wagen durch liebliche Täler und herrliche Fichtenwälder. Beim Blick auf die dunkelgrüne Pracht kann die naturselig gestimmte Begleiterin nicht umhin, Eichendorff zu zitieren: „Wer hat dich, du schöner Wald, aufgebaut so hoch da droben ...?" Ulrichs lakonische Antwort: „Die Niederösterreichische Bodenbank."

*

Mit dem Waldfrevel des Holländer-Michel entdeckt die Literatur des 19. Jahrhunderts das Thema der durch technische Gewalt verletzten und geschändeten Natur. Conrad Ferdinand Meyers Gedicht „Der verwundete Baum" variiert es ebenso wie Gottfried Kellers „Waldfrevel". In beiden gilt die Aufmerksamkeit den vom homo faber erdachten Werkzeugen Axt und Beil, mit denen der Mensch sich auf Erden eine Heimstatt errichtet, freilich um den Preis, daß er der Natur Schmerz und Leid zufügt. In Meyers Gedicht „Die Dryas" steigert sich das Fällen eines Baumes zum Mordversuch, der nur vereitelt wird, weil die im Titel genannte Baumnymphe sich dem Angreifer im letzten Moment zu erkennen gibt. Der Holzhauer lernt den Baum als ein beseeltes, mit subjektiven Empfindungen begabtes Gegenüber kennen. Ihm keimt die Ahnung, der Mensch möge zur Natur in ein partnerschaftliches Verhältnis treten, das gefeit wäre gegen den Verfügungs- und Objektivierungswahn einer rein instrumentellen Naturbeherrschung. Das eindrucksvollste Beispiel dieser Erfahrung bietet Justinus Kerners Gedicht „Der Wanderer in der Sägemühle". Während der Rast in einer Sägemühle offenbart sich dem Verweilenden schlagartig das Ausmaß der technischen Gewalt, mit welcher der Mensch die Natur zurüstet und seinen Bedürfnissen dienstbar macht: „Sah zu der blanken Säge, / Es war mir wie ein Traum, / Die bahnte lange Wege / In einen Tannenbaum." Das Bild der blanken Säge läßt an den Tod denken, an das Blinken der Hippe, an blankgezogene Säbel, sogar noch an die Verwüstungen, mit denen die Urgewalt des Meeres als Blanker Hans die Menschen heimsucht. Hier nun treten nicht mehr Naturkräfte, sondern Mensch und Technik als zerstörerische Mächte auf. Die Säge schlägt tiefe Wunden, sie zerstückelt den lebendigen Körper des Baumes. Der unbarmherzige Vorwärtsgang des Instrumentes gerät zur Allegorie des gewaltsamen Eindringens in zuvor unberührte und unbetretene Zonen. Er lenkt den Blick auf die dunkle Seite des Kulturprozesses, auf den Preis des Fortschritts. Dem Wanderer offenbart sich im leidenden Körper des Baumes ein schmerzliches Gegenbild zur romantischen Wanderlust, die sich an Feld und Buchenhallen erfreut. Goethes Kritik am wissenschaftlich-technischen Naturverhältnis der Moderne sieht eine Zeit kommen, wo die Natur „auf der Folter" verstummt. Kerners Säge besitzt die Qualitäten eines Folterinstrumentes. Wohl solcher Eigenschaften wegen nannte kein Geringerer als Franz Kafka dieses Gedicht eines seiner liebsten, jener Schriftsteller, dem wir die Folterphantasien der „Strafkolonie" verdanken. Ist es Zufall, daß gerade ein „Tannenbaum" dieser Zerstörung anheimfällt? Sein schnell wachsendes und rasch zu verwertendes Holz macht ihn zum idealen Objekt für eine Holzindustrie, der es vor allem um Profitmaximierung geht. Es bewahrheitet sich Hölderlins Befürchtung, der heilige Hain könne zum bloßen Holz werden. Holländer-Michel ist der mächtige Prophet dieser Verholzung.

*

Im Jahre 1820 verfaßt Joachim August Zarnack die erste Strophe des Liedes „O Tannenbaum". Vier Jahre später fügt Ernst Anschütz zwei weitere Strophen hinzu. Er schlägt darin das Thema Weihnachtszeit an und beschert der Welt jenes bekannte Lied, das man bis auf den heutigen Tag in allen deutschen Landen zum Christfest singt. Nur wenig später betritt Holländer-Michel als gewaltiger Waldabholzer die literarische Szene. Denkt man diese Ereignisse ineinander, so blitzt unversehens die Dialektik von Naturbeherrschung und Ästhetik auf. Technik und Ökonomie, Axt und Holzwirtschaft attackieren die Natur. Der Mensch, so Paul Valéry, offenbart sich als eine Spezies, die zum Angriff auf die Natur antritt. Nun gilt es, jene latente Gewaltsamkeit zu verdrängen. Dies gelingt mit Hilfe des ästhetischen Bildes. Die geschundene Natur wird als intakte und unversehrte imaginiert in einem Lied, das am hohen Fest der Christenheit die unverwüstliche Lebenskraft des Tannenbaumes preist: „Du grünst nicht nur zur Sommerszeit, / nein, auch im Winter, wenn es schneit." Kunst leistet die Kompensation der Wunden, die gesellschaftliche Naturbeherrschung schlug. Sie macht sogar vergessen, daß es den Weihnachtsbaum mit seinem Lichterglanz nur gibt, weil zuvor Axt und Säge zuverlässig ihre Arbeit taten.

*

In Johannes R. Bechers Gedicht „Der tote Wald" trägt das Baumfällen Züge eines Massakers. Die Holzfäller schwingen die „scharfen Äxte, um den Wald zu schlachten." Alsdann verbringt man „der toten Wälder ungeheure Frachten" per Floß in die fernen Städte. Dort werden aus den Baumstämmen stabile Gerüste, auf deren

Haltbarkeit man sich jederzeit verlassen kann. Am Ende freilich spielt das Gedicht mit der berückenden Idee, daß der gefällte und entwurzelte Baum, selbst noch in fernster Ferne, sich Fühlung bewahrt zu der im wörtlichen Sinne angestammten Sphäre seines Herkommens: „Doch manchmal spüren wir: es neigen / Die Balken sich und schwanken in dem Wind / Und träumen, daß sie wieder Bäume sind." Die Sehnsuchtsgebärde aller Entwurzelten, Heimatlosen und Exilierten. August Kopischs Gedicht „Der große Krebs im Mohriner See" entwirft das Szenario einer universalen Regression, die auch das Bauholz in den Dachstühlen erfaßt: „Der Balken löst sich aus dem Haus / Und rauscht als Baum zum Wald hinaus."

*

Holländer-Michel beginnt seine Schwarzwald-Karriere als schlichter Arbeiter. Sein Arbeitgeber, *ein reicher Holzherr*, war bislang noch in der Lage, Geschäft und christliche Gesinnung in Einklang zu bringen: *sein Geschäft war gesegnet, denn er war ein frommer Mann.* Doch die enorme technische Effizienz des neuen Mitarbeiters zersetzt mit der Zeit die moralische Basis des Geschäftes und auch die des Patrons. Nach einem halben Jahr ist es dann soweit. Michel schleppt am Vorabend seiner ersten Floßfahrt *noch acht Balken ans Wasser, so dick und lang, als man keinen je sah.* Die Herkunft der prächtigen Stämme bleibt freilich im Dunkel. *Wo er sie gehauen, weiß bis heute noch niemand.* Auch Michels Arbeitgeber versucht nicht in Erfahrung zu bringen, woher das Holz stammt und unter welchen womöglich illegalen Bedingungen es geschlagen wurde. Ihn interessiert nur die zu erzielende Profitrate: *Dem Holz-*

herrn lachte das Herz, als er dies sah, denn er berechnete, was diese Balken kosten könnten. Das Geldinteresse fragt nicht nach der einwandfreien Herkunft der Waren und Rohstoffe, schon gar nicht will es wissen, ob Herstellung und Beschaffung ethischen und moralischen Maßstäben genügen. Aktuelle Stichworte: Teppiche und Textilien, die unter unmenschlichen Bedingungen von schlechtbezahlten Kindern produziert werden. Blutdiamanten aus dem Kongo. Tropische Edelhölzer, deren illegale Beschaffung korrupte Beamten vor Ort tolerieren. Nicht zuletzt die unzähligen, mittlerweile weltweit verbreiteten Fast-Food-Ketten, die täglich gewaltige Rindfleischmengen zum Verzehr anbieten, enorme Fleischberge, die nur verfügbar sind, weil man zur Futtergewinnung riesige Areale des Regenwaldes abholzt.

*

Holländer-Michel verführt nicht nur die Schwarzwälder zu den heiklen Freuden des Kapitalismus, er ist zugleich ein Mann des Tempos. Wo er eigenhändig seine Baumstämme flußabwärts steuert, dort *flog der Floß dahin, daß das Land und Bäume und Dörfer vorbeizujagen schienen.* Dieses Miteinander ist alles andere als zufällig. Nach dem Herztausch verschränken sich auch bei Peter Reichtum und Geschwindigkeit. Der neue Zögling des Holländer-Michel erwacht in einer Postkutsche und wird bei voller Fahrt der üppigen Geldmittel inne, der *vielen tausend Taler in Gold und Scheinen auf Handlungshäuser,* die ihm der dämonische Versucher mit auf die Reise gab. Den geheimen Indifferenzpunkt dieser Zweieinigkeit von Geld und Tempo benennt Thomas Jeffersons berühmtes Diktum „Time is money". Noch im heutigen Begriff „Turbokapitalis-

mus" verrät sich diese Leitidee bürgerlicher Ökonomie. Die Volks-
poesie erahnte bereits früh solche Zusammenhänge. Das „Fortuna-
tus"-Volksbuch aus dem frühen 16. Jahrhundert, wahrscheinlich
entstanden in der Handelsstadt Augsburg, der reichen frühbürgerlichen Fugger-Metropole, berichtet von zwei Zaubergaben, die ein
günstiges Geschick dem Titelhelden zukommen läßt: ein Glückssä-
ckel mit Geld, der nie leer wird, sowie ein Wunderhütlein, das seinen Besitzer sofort an jeden gewünschten Ort trägt. In der Fusion
von Kapital und raumverzehrender Geschwindigkeit wetterleuchtet
ein globalisierter Geldverkehr, der heute in Sekundenschnelle Milli-
ardenbeträge online um den Erdball jagt. Kaum zwei Jahre nach
Hauffs Märchen entwirft Goethe für den „Faust II" jene Szene, in
der Mephisto das Papiergeld erfindet und mit dieser monetären In-
novation sich als ökonomischer Heilsbringer in Szene setzt, der
ähnlich wie Holländer-Michel einer verblendeten Gesellschaft neue
Wohlstandsparadiese verheißt. Auch hier zeigt sich die latente Ver-
wandtschaft von Geld und Tempo. Wohl nicht von ungefähr verfügt Mephisto über ein Paar wirkungsvoller Siebenmeilenstiefel.

✻

Machtwechsel. – Ein Reklamebild aus der F. A. Z., das Führungs-
kräfte aus der Wirtschaft ansprechen soll. Es zeigt Anton von Wer-
ners berühmte Darstellung der Kaiserproklamation in Versailles im
Jahre 1871. Jenes Gemälde, auf dem die deutschen Fürsten und Mi-
litärs dem gerade gekürten Kaiser Wilhelm I. huldigen. Doch hier
nun ist der Kaiser vom Podest verschwunden. An seine Stelle tritt
eine junge attraktive Dame, bekleidet mit einem schicken, dezenten
Kostüm. Augenscheinlich die Emissärin aus der Chefetage eines

Konzerns. Den rechten Arm lässig in die Hüfte gestützt, ihrer Macht und Wirkung wohl bewußt, zeigt sie dozierend mit der filzstiftbewehrten Linken auf ein Chart, auf dem das Schema einer erfolgreichen Unternehmensstruktur skizziert ist. Die Granden des Reiches, allen voran Otto von Bismarck, huldigen nicht mehr dem Monarchen, sondern dem Kapital als neuem Souverän. Der Reklamegag zwingt post festum die gründerzeitliche Apotheose zum Eingeständnis der geschichtlichen Wahrheit: Die Geburt des Reiches aus dem Geiste des Kapitals. Holländer-Michel gelingt eine vergleichbare Machtergreifung im Zeichen des Geldes, als er die Schwarzwälder, gegen alle Tradition, zum Fernhandel ermuntert und sie zum Direktverkauf des Holzes in Holland verführt. Die Magie des Geldes siegt auf der ganzen Linie: *Von da an war den Burschen im Schwarzwald Holland das Paradies und Holländer-Michel ihr König.* Fast zur gleichen Zeit inszeniert Mephisto im „Faust II" seinen Papiergeld-Putsch, nach dessen Gelingen er zufrieden feststellen kann: „In diesem Zeichen wird nun jeder selig." Achim von Arnims Gedicht „Der Welt Herr", geschrieben um 1830, wirft einen prophetischen Blick auf die usurpatorische Kraft des Geldes. Hier gerät die Eilmeldung von den steigenden Aktienkursen zur heilsbringenden frohen Botschaft: „Eilend ziehen die Kuriere / Mit dem kleinen Kursbericht, / Daß er diese Welt regiere". Alles was bisher sich zur Herrschaft legitimiert sah, vergeht unter der unwiderstehlichen Gewalt des neuen Eroberers: „Zitternd sehn ihn Potentaten, / Und es bricht das Herz der Staaten." Die Entregionalisierung der Ökonomie, die schon Holländer-Michel betreibt, steigert sich zur frühen Vision einer globalisierten Wirtschaft, die sich nationaler Kontrolle entwindet. Ein Blick auf die aktuelle weltweite Finanzkrise genügt, um die stupenden prophetischen Potentiale zu würdigen, die in den Texten von Hauff und Arnim zutage treten.

⁂

Im Moment, da der homo sapiens sich zum homo oeconomicus ausbildet, verschreibt er sich der permanenten Entgrenzung. Der Blick geht über die Grenzen vertrauter Nahbereiche hinaus zu fernen Horizonten. Nicht zuletzt die abendländische Fusion von wissenschaftlichem Entdeckerdrang und Ökonomie brachte jene machtvolle technologische Effizienz hervor, die unserem Globus ein anderes Gesicht geben sollte. Die Holzwirtschaft der Schwarzwälder nimmt teil an dieser Entgrenzung. *Sie handeln mit ihrem Wald; sie fällen und behauen ihre Tannen, flößen sie durch die Nagold in den Neckar und von dem oberen Neckar in den Rhein hinab, bis weit hinein nach Holland, und am Meer kennt man die Schwarzwälder und ihre langen Flöße.* Der bodenständige, weil ortsgebundene Baum wird vom Menschen entwurzelt und auf die Reise geschickt, mit Hilfe des Wassers, jenes Elementes, dessen unendliches Fließen keine Ruhe kennt. Und selbst im fernen Holland findet die Fahrt noch kein Ende. Als Holzplanke im Handelsschiff nimmt die schlichte Schwarzwaldtanne teil am expandierenden Weltverkehr. Es verschlägt sie in alle Himmelsrichtungen. Holländer-Michel steht für die dunklen und gefährlichen Seiten neuzeitlicher Entgrenzung. Als gewaltiger und rücksichtsloser Holzfäller wird er im wörtlichen wie übertragenen Sinne zum Dämon der Entwurzelung. Er fällt seine Bäume sogar *im Tannenbühl, wo man nicht hauen soll.* Er vergeht sich an einem Bezirk, dem *die abergläubischen Leute* mit respektvoller Scheu begegnen. Holzschlagen und kommerzielle Waldnutzung sind an diesem Ort tabu. Es muß einige sakrosankte Zonen geben, in denen die Natur bleiben kann, was sie seit jeher war. Nicht ohne Grund enthüllt sich der Tannenbühl als Wirkungsbereich des Glasmännleins. Der gute Waldgeist steht für Angestammtes und Althergebrachtes. Sein Revier trägt Züge uralter chthonischer sanctitas. Das Miteinander von Wald und heiligem Bezirk gehört zu den religiösen Kernvorstellungen früherer Zeiten. Ein Sakrileg beging, wer an solchen Orten Bäume zu fällen suchte. Holländer-Michel kennt derlei Zurückhaltung und Scheu nicht mehr. Er steht für eine neuzeitliche Entgrenzung, die alles Angestammte und Ortsfeste zu mobilisieren sucht. Er bewirkt jene Entheimatung der Menschen, der Pflanzen und der Dinge, die man heute wohl als Indiz technischer Welteroberung deuten muß. Die Entwurzelung der sakrosankten Bäume im Tannenbühl weitet sich aus zur neuzeitlichen Schlüsselgebärde. Nichts mehr darf an seinem Platz verweilen. Alles muß flexibel werden und tendenziell dem Zirkulieren der globalen Waren- und Geldströme verfügbar und zugänglich bleiben.

✳

Kaum in die Welt gekommen, entpuppen sich die monetären Segnungen des Holländer-Michel als das, was Rimbaud später die „horreurs économiques" nennen wird. Der Kapitalismus zeigt seine inhumane und totalitäre Fratze. Vor allem wo er aufkeimende Bedenken gegen die rückhaltlose Entfesselung des Geldprinzips brutal im Keim erstickt. *Nur ein einzelner* rät ab von der fatalen Weiterfahrt nach Holland, doch diesen Warner *verkaufte der Holländer-Michel an einen Seelenverkäufer, und man hat nichts mehr von ihm gehört.* Kritik wird im wörtlichen Sinne zum Schweigen gebracht, und selbst diese Repression erfolgt noch profitorientiert. Der letzte Nachdenkliche wird zur Ware, mit der man gewinnbringend Handel treiben kann. Die vom Holländer-Michel etablierte Ökonomie kennt mit ihrer Philosophie des Geldes nur die eine Alternative: Zahlung oder Nicht-Zahlung. Sie hat, so Karl Marx, „die persönliche Würde in den Tauschwert aufgelöst" und „kein anderes Band zwischen Mensch und Mensch übriggelassen, als das nackte Interesse, als die gefühllose bare ‚Zahlung'." Vor diesem Hintergrund zielt das Wort *Seelenverkäufer* nicht nur auf gewissenlose Werbeoffiziere jener Zeit, die mit gewaltsam rekrutierten Soldaten ein einträgliches Geschäft machten. Es schärft den Blick für eine bürgerliche Ökonomie, welche tendenziell die Subjekte in die Warenform verwandelt. „Der Animismus hatte die Sache beseelt, der Industrialismus versachlicht die Seelen." Die Diagnose von Horkheimer und Adorno wirkt wie das theoretische Fazit des Sündenfalls, zu dem Holländer-Michel die Menschen verleitet. Doch wie können die Menschen dazu gebracht werden, ihrer eigenen Verdinglichung freudig zuzustimmen? Ganz einfach: wenn es der Ökonomie gelingt, diesen Verlust an Humanität als ein Mehr an Glück zu verkaufen. Von Theodor Adorno bis Herbert Marcuse, von Noam Chomsky bis Neil Postman haben kluge Sozial- und Medientheoretiker das nahezu magische Vermögen der bürgerlichen Gesellschaft aufgezeigt, Entfremdung als Glückszustand und die Manipulation des Begehrens als Zuwachs an Freiheit erscheinen zu lassen. Heutzutage wird diese Aufgabe nicht zuletzt von einer gigantischen, global agierenden medialen Amüsiertechnologie wahrgenommen, die jeden Tag neue Gärten Eden verheißt. Der Medienforscher Peter Winterhoff-Spurk hat unlängst diesen Megatrend in einem Buch dargestellt: „Kalte Herzen. Wie das Fernsehen unseren Charakter formt". Dessen erstes Kapitel trägt die Überschrift „Verwandte Seelen? – Der Holländermichel und Linda de Mol". Der Sündenfall als Marsch ins neue Paradies: *Von da an war den Burschen im Schwarzwald Holland das Paradies und Holländer-Michel ihr König.*

*

Der Bericht über den weiteren Verbleib des Holländer-Michel gehört zu den glücklichen Einfällen der Erzählung. Eines Tages verschwindet der dämonische Verführer, er bleibt unauffindbar, *aber tot ist er auch nicht.* Er tritt gleichsam hinter die bürgerliche Realität zurück als ein latentes Prinzip dieser Gesellschaft, unsichtbar und doch allgegenwärtig. So treibt er *seit hundert Jahren seinen Spuk,* ein im wahrsten Sinn des Wortes sagenhaftes Phantom: *man sagt, daß er schon vielen behilflich gewesen sei, reich zu werden, aber – auf Kosten ihrer armen Seele.*

*

Mit diabolischer Überredungskunst gelingt es Holländer-Michel, die Schwarzwälder für seinen brutalen Kapitalismus einzunehmen. *Nur ein Einziger war redlich,* ein einsamer Warner, der den Verführten die bedenklichen Seiten der unersättlichen Profitgier vor Augen zu stellen sucht, *aber sie hörten nicht auf ihn und vergaßen seine Worte.* Man sollte meinen, die Sache sei damit erledigt und der Bedenkenträger für alle Beteiligten nicht mehr von Interesse. Umso erstaunlicher, daß der böse Waldgeist den erfolglosen Warner dennoch auf grausamste Weise vernichtet. Den *braven Mann aber, der ihnen abgeraten, verkaufte der Holländer-Michel an einen Seelenverkäufer, und man hat nichts mehr von ihm gehört.* Der Verblendungszusammenhang, den der Geld-Verführer über die Schwarzwälder legt, duldet nicht das kleinste Quentchen Kritik, selbst nicht die wirkungslose und ohnmächtige. Hier keimt das Totalitäre. Nicht einmal die Möglichkeit der anderen Meinung darf es geben. Schon sie allein könnte das etablierte System latent in Frage stellen. Alle kritischen Potentiale gilt es auszumerzen. Die Andersdenkenden, auch wenn sie kein Gehör mehr finden, müssen um jeden Preis mundtot gemacht werden. Der Verkauf des Mahners vollzieht eine physische und geistige Vernichtung, die sicherstellen soll, daß im fugendichten totalitären System auch die Kategorie der kritischen Alternative nicht mehr zur Verfügung steht. In der rigiden Ausmerzungsstrategie des Holländer-Michel wetterleuchtet, was Herbert Marcuse mit dem Begriff der eindimensionalen Gesellschaft zu erfassen sucht. Ein totalitär organisiertes soziales Gebilde, dessen einsinnige Ideologie nur die eine vorgegebene Richtung kennt und damit alle anderen Möglichkeiten alternativen Denkens ausschließt. Abgeriegelt wird das intellektuelle Vermögen, sich eine Welt zu denken, die anders und besser wäre als die bestehende. Kritik wird zum Schweigen gebracht und mit ihr alle Potentiale des Transzendierens. Kein Raum der Reflexion darf sich mehr öffnen, in dem noch vernunftgemäßes Unterscheiden und diskursives Abwägen unterschiedlicher Optionen statthaben könnten. Für ein solches System bleibt selbst die unterdrückte oder ohnmächtige Meinung noch gefährlich, da sie allein durch ihre bloße Existenz, gleichsam in ihrer subversiven Latenz, das Bestehende permanent in Frage stellt. Für Herbert Marcuse vollendet sich die eindimensionale Ge-

sellschaft im Moment, wenn die Menschen sich „kein qualitativ anderes Universum von Sprache und Handeln" mehr vorstellen können. Für ihn haben sich im 20. Jahrhundert subtile Formen „meis-
terhafter Versklavung" ausgebildet. Von der Konsumgesellschaft bis
hin zu einer affirmativen Kulturindustrie, die den Subjekten das
entfremdete Leben noch als Gipfel der Selbstentfaltung verkauft.
Solcher Raffinesse war Holländer-Michel noch nicht fähig, er stellt
Eindimensionalität noch her durch die physische Vernichtung des
Kritikers. Doch in den Wohlstandsillusionen, die er mit seinen
Glücksverheißungen in die Köpfe der Schwarzwälder einsenkt, zeigen sich bereits die Umrisse einer subtileren Strategie, die das Begehren der Subjekte ins Eindimensionale und Uniforme zu lenken
sucht. Wenn es zudem noch heißt, *Geld, Flüche, schlechte Sitten,
Trunk und Spiel* hätten sich im Schwarzwald breitgemacht, dann
fällt es schwer, hier nicht an aktuelle Trends einer gegenwärtigen
Konsumgesellschaft zu denken, die mit viel medialer Phantasie daran arbeitet, das kollektive und individuelle Begehren im Sinne der
eigenen Interessen zu modellieren.

*

Holländer-Michel steht für gesteigerte technische Naturbeherrschung, doch nicht weniger für die rückhaltlose Entfesselung des
Geldprinzips. Seine Neuerungen sprengen die zuvor noch regional
eingebettete und sozial überschaubare Ökonomie des Schwarzwaldes. Führten bislang die Fahrten der Flößer bis Köln, so nun,
auf Betreiben des dämonischen Verführers, bis nach Holland. Michel muß zur Bekräftigung seines Vorschlags nur das Wort *Profit* in
den Raum stellen, und schon kann sich dessen magischer und ver-

führerischer Wirkung kaum jemand entziehen. Der Direktverkauf des Holzes in Rotterdam, unter Umgehung des Zwischenhandels, trägt Spuren einer frühen Globalisierung des Handels, die sich in *schwerem Geld*, in *viel Geld* bezahlt macht. Die Weiterfahrt über Köln hinaus kommt einer nicht nur geographischen Grenzüberschreitung gleich. Ihr eignet etwas von Hybris, die das Maß des sittlich Erlaubten überschreitet. In der Antike gab es viele solcher topographischen Grenzmarken. Die Säulen des Herakles, mythische Chiffren für die Meerenge von Gibraltar, galten antikem Denken als Warntafeln: Bis hierher und nicht weiter! Sie fordern für alles menschliche Streben die moralische wie auch theoretische Selbstbeschränkung. Erst die anbrechende Neuzeit spielt fiktiv wie real mit der Möglichkeit, diese Grenze zu überschreiten und sich ins Neue und Offene zu wagen. Dante läßt in der „Divina Commedia" das Schiff des Odysseus die Säulen des Herakles durchfahren, freilich noch mit dem fatalen Ergebnis, daß die kühnen und vermessenen Abenteurer an einem gewaltigen Felsen Schiffbruch erleiden. Noch wird Hybris sanktioniert. Zu Beginn des 17. Jahrhunderts entfällt die Bestrafung. Man sehnt nun die Grenzüberschreitung förmlich herbei und fordert sie im Namen der Wissenschaft. Francis Bacon läßt im Frontispiz seiner „Instauratio Magna" das Schiff des Odysseus die Säulen des Herakles durchfahren. Er verbindet den Aufbruch in die Neuzeit mit der stolzen Erwartung, diese Grenzüberschreitung möge und werde nicht die letzte sein. Im Lichte solcher Denkbilder, die Hans Blumenberg höchst anschaulich dargestellt hat, mag auch der Name Köln eine bislang respektierte magische Schwelle bezeichnen, bei deren Überschreiten man ins Gefährliche und Unerlaubte abdriftet. Holländer-Michel und seine Gefährten fahren auf ihren Flößen gleichsam unter der

Flagge des Geldes, jener Macht, welche bis auf den heutigen Tag die Neuzeit nicht weniger prägte als die durch Wissenschaft angeleitete und angetriebene Naturbeherrschung. Nicht zuletzt geht die Fahrt ins protestantische Holland, vorbei an der katholischen Domstadt am Rhein. Auf diesen Umstand würde gewiß Max Weber verweisen, dem wir die geniale Studie „Die protestantische Ethik und der Geist des Kapitalismus" verdanken. Der Name *Holländer-Michel* ließe sich deuten als deren früher Vorschein.

*

Die kapitalistische Geldwirtschaft knüpft global gespannte Beziehungsketten, über weiteste Entfernungen hinweg. Doch diese Verflechtungen und Interdependenzen bleiben abstrakt, sie formieren sich über den Köpfen und Leibern der Menschen. Die Geschichte der letzten Jahrhunderte zeigt, daß nach wie vor, gleichsam unterhalb dieser unpersönlichen Makrostruktur, die psychophysischen Bedürfnisse der Individuen ihr Recht einfordern. Die leiblichen Potentiale revoltieren mit einer Semantik der sinnlichen Nähe. Das Insistieren auf konkreten Beziehungen und fühlbaren Entsprechungen arriviert zum Gegenentwurf. Noch in Baudelaires poetologischem Konzept der „correspondances" und der „analogies universelles" bleibt dieser Anspruch wirksam. Bereits Goethe vertritt hartnäckig die Auffassung, alles Existierende sei das Analogon eines anderen Existierenden. Novalis spricht gar von der „Wollust der Synthesis". Er stellt das menschliche Bedürfnis nach sinnlich erfahrbarem Weltbezug auf eine nachgerade erotisch-körperliche Basis. Wie ein kleines Leitmotiv durchzieht das physische Miterleben der Erdbeben von Lissabon und Messina Goethes Leben und

Denken. Man will der Ferne, und sei es in untergründiger Fühlung, mit allen Sinnen verbunden bleiben. Der alte Fontane findet hierfür in seinem letzten Roman ein heiter-entspanntes Naturbild. Der Stechlin-See hat auf magisch-kryptische Weise Verbindung mit fernsten Vulkanen in Asien und reagiert auf deren Ausbrüche mit dem Erzittern seiner Wasseroberfläche. Aus solchen Bildern spricht die utopische Hoffnung, Globalisierung möge mehr sein als das Fluktuieren reaktionsschneller Kapital- und Warenströme. Hauffs Märchen fügt dem mit der *Sage vom Holländer-Michel* noch eine hochaktuelle Perspektive hinzu, die den Schuldzusammenhang zwischen Kapitalismus und ausbeuterischer Naturbeherrschung ins Blickfeld rückt. *Aber sooft Holländer-Michel in einer Sturmnacht im Schwarzwald eine Tanne fällt, springt eine seiner alten aus den Fugen des Schiffes; das Wasser dringt ein und das Schiff ist mit Mann und Maus verloren.* Unterhalb der neuzeitlichen Ökonomie und ihrer Soll-und-Haben-Kalkulation schreibt sich eine Gewinn- und Verlustbilanz, die noch über weiteste Entfernungen hinweg dem Menschen das der Natur zugefügte Leid tödlich in Rechnung stellt. Für das wilde Denken von Märchen und Sage, das stets sich der Kette der Lebendigen verbunden weiß, gibt es so etwas wie eine Globalisierung des Schmerzes.

*

Trotz all seiner übermenschlichen Fähigkeiten bleibt Holländer-Michel immer noch der ins Übergroße gesteigerte Geldbürger. Er verfügt über einen festen Wohnsitz, der sich, läge er nicht in der finsteren Schlucht, kaum von anderen Häusern der Gegend unterscheiden würde. Auch seine Spezialbegabungen, exzellenter Holzfäller und geschickter Flößer, entsprechen den üblichen Anforderungen der Holzwirtschaft. Selbst sein Reichtum überschreitet auf den ersten Blick nicht die Grenzen dessen, was die bürgerliche Gesellschaft für erstrebenswert hält. Nur daß bei Holländer-Michel all dies in einer das Gigantische streifenden Weise geschieht. Die Konturen des Bürgerlichen vergrößern sich zur Riesengestalt des mit Zauberkraft begabten Waldgeistes. Sein Widersacher, das Glasmännlein, bleibt hingegen weniger faßbar. Von bürgerlichen Spezialbegabungen, die denen des Holländer-Michel vergleichbar wären, wird nichts vermeldet. Auch erfährt man nichts über seine Behausung. Im Behördendeutsch hieße es vom Glasmännlein: ohne festen Wohnsitz. Nur ungefähr läßt sich mit dem Tannenbühl eine Zone benennen, in der die Chance besteht, ihm zu begegnen. Beim ersten Versuch der Annäherung muß Peter Munk die Erfahrung machen, daß der gute Waldgeist über eine höchst amorphe Identität verfügt. Ein proteushaftes Wesen, mal menschenähnlich, mal in Tiergestalt. Es vermag sogar zwischen beiden Erscheinungsweisen übergangslos zu changieren: *denn bald schien das Eichhörnchen einen Menschenkopf zu haben und einen dreispitzigen Hut zu tragen, bald war es ganz wie ein anderes Eichhörnchen und hatte nur an den Hinterfüßen rote Strümpfe und schwarze Schuhe.* Menschliches bleibt in Fühlung mit der Natur. Genau dies macht aus dem Glasmännlein den guten Waldgeist. Das Humane hat sich noch nicht abgetrennt von seiner vormenschlichen Basis, aus der es den élan vital seines Selbsterhaltungswillens, aber auch den natürlichen Instinkt für das ihm Gemäße bezieht. Die Güte des Glasmännleins, der Peter letztendlich seine Rettung verdankt, wäre nicht ohne jene Naturnähe, die aller Humanität unabdingbar bleibt. Kultur kann nur gelingen, wo der Mensch sich das Wissen bewahrt, daß auch er selbst Naturwesen ist. Wenn diese Einsicht verblaßt, machen sich Verhärtung und Verdinglichung breit. Kultur bedeutet stets taktvolle Mimesis, ein menschliches Weltverhältnis, das sich der Natur anähnelt und erst kraft solcher Elastizität seinen Eigenwert gewinnt. Für diese Dialektik findet Hauffs Märchen ein nachgerade surreales Bild. Mit Erstaunen muß Peter bei der ersten Begegnung feststellen, daß die Kleidung des Waldgeistes zwar erwartungsgemäß aus Glas besteht, *aber es war geschmeidig, als ob es noch heiß wäre; denn es schmiegte sich wie Tuch nach jeder Bewegung des Männleins.* Der Gegensatz von Hart und Weich ist suspendiert. Ein dritter Zustand stellt sich her, in dem die vom homo faber bearbeitete und umgeschaffene Natur das menschliche Bewegungsprofil wie aus eigenem Willen nachahmt und nachvollzieht. Holländer-Michel hingegen stellt sich gegen die Natur. Er vergreift sich an ihr. In der Tabuzone des Tannenbühl, *wo man nicht hauen soll*, schlägt er *überall die schönsten Tannen.* Ausschließlich orientiert am Profitinteresse, legt eine ins Überdimensionale gesteigerte Technik Hand an die natürlichen menschlichen Lebensgrundlagen. Eine solche Welt kann nur mit kalten Herzen aufwarten, in denen der Puls der lebendigen Natur zu Stein erstarrte.

*

Die Axt ist eines der ältesten Werkzeuge der Menschheit. In ihr materialisiert sich auf prägnante Weise die zerstörerische und gewaltsame Inbesitznahme der Natur. Unter den Hieben der Axt fallen all die Bäume, die weichen müssen, damit auf dem gerodeten Bezirk die Siedlungsgemeinschaft ihren Platz findet. Der homo faber schlägt sich seinen Weg durchs Dickicht der widerständigen

Natur. Der Prozess der Zivilisation bringt es mit sich, daß man die Axt an die Wurzel legt. In vielen Mythen steht dieses Werkzeug mitsamt seinen Ablegern für die Macht der Götter und Herrscher: der Donnerkeil des Zeus, die mächtige Axt, mit der Vishnu den Erkenntnisbaum Samsara fällt, Thors Hammer, auch das Beil, mit dem Bonifatius sich über die Eiche des Donar hermacht, bis hin zu den Faszes, den Autoritätzeichen der römischen Liktoren. Im Lichte dieses Archetyps gewinnen die Holzhauer im Tannenbühl eine ins Allgemeine spielende heikle Bedeutung. Wenn sie in dieser Tabuzone, *wo man nicht hauen soll*, die Bäume fällen, so richtet sich nicht nur die Natur gegen sie, sondern auch die Technik selbst. Denn *oft waren den Holzhauern, wenn sie dort arbeiteten, die Äxte vom Stiel gesprungen und in den Fuß gefahren*. Ein Bild von beträchtlicher anthropologischer Brisanz. Das Werkzeug macht sich auf destruktive Weise selbständig und wendet sich gegen seinen Schöpfer. Dies geschieht im Moment, da der Mensch keine Tabus mehr anerkennt, da er versucht, sich auch noch die letzten unberührten Winkel der Natur zu unterwerfen. Der hybride Anspruch auf totale Weltaneignung läßt die zu diesem Zweck ersonnenen technischen Mittel außer Kontrolle geraten. Die waldfrevlerischen Holzhauer erleben dies im Tannenbühl noch als eine Art Arbeitsunfall. Spätere Zeiten machen aus dieser Schmerzerfahrung ein Szenario der kollektiven Angst. Die Befürchtung, die technisch entfesselten Kräfte könnten sich menschlicher Kontrolle entziehen, gehört heutzutage zum festen Bestand der politischen und kulturkritischen Diskussion, vom Streit um den Nutzen der Kernkraft bis hin zu den Unwägbarkeiten der Gentechnik. Auch hierbei nimmt die Literatur schon sehr früh Witterung auf. Goethes Zauberlehrling und Mary Shelleys Frankenstein-Geschöpf berichten vom fatalen Eigensinn der menschlichen Artefakte. Selbst die Märchenwelt eines Andersen ist nicht frei von solchen Einsichten. Feuerzeuge, Teekannen und andere Gegenstände des Hausrates machen sich selbständig. Unter dem Firnis bürgerlicher Gemütlichkeit rumort die zutiefst verunsichernde Eigengewalt der vom Menschen geschaffenen Dinge. Es keimt die Ahnung, man sei womöglich nicht mehr Herr im eigenen Haus. Im 20. Jahrhundert fehlt es nicht an Diagnosen, die dem Menschen in Sachen Technik den totalen Kontrollverlust attestieren. Max Horkheimer: „Die Maschine hat den Piloten abgeworfen; sie rast blind in den Raum."

*

Zu den geflügelten Worten der aktuellen ökologischen Debatte gehört der Satz: „Die Natur schlägt zurück". Sturmfluten, Waldbrände, langanhaltende Dürreperioden, Erderwärmung, Treibhauseffekt, extreme Wetterlagen, Schneekatastrophen, Abschmelzen der Polkappen: all dies wird immer mehr als Folge einer massiven Klimaveränderung spürbar, die der Mensch in Gang setzte, als er begann, sich rückhaltlos die Erde technologisch und industriell untertan zu machen. Die Literatur hat sehr früh diese Dialektik der Gewalt erspürt. Ein auf den ersten Blick recht harmloses Gedicht wie Goethes „Heidenröslein" berichtet von einer menschlichen Naturaneignung, die nicht frei ist von Verfehlung und Hybris. Der wilde Knabe, der das junge morgenschöne Röslein bricht, ließe sich deuten als Vertreter einer anthropozentrischen Ungeduld, die im Überschwang des eigenen Selbstgenusses die Ansprüche der lebendigen, mit eigener Subjektivität begabten Natur mißachtet. Und so kommt es, wie es kommen muß. Das der Natur angetane Leid ereilt schließlich den Menschen selbst: „Röslein wehrte sich und stach". Ein Dornenstich, der sich auswächst zum Pfahl im Fleische des kollektiven Gedächtnisses. Getreu der Warnung, die das Röslein zuvor schon an den wilden Knaben richtete: „Ich steche dich, / Daß du ewig denkst an mich". In der Tabuzone des Tannenbühls, *wo man nicht hauen soll,* machen all die, welche dieses Gebot mißachten, ähnliche Erfahrungen. Der Waldfrevel fällt im wörtlichen Sinne auf die Frevler zurück: *die Bäume waren schnell umgestürzt und hatten die Männer mit umgerissen und beschädigt oder gar getötet.* Gesellschaftliche Naturbeherrschung führt, wo sie keine Tabus mehr anerkennt, zur Selbstgefährdung der Subjekte, die Herrschaft ausüben wollen. Adorno und Horkheimer haben dies als Dialektik einer Aufklärung dargelegt, die sich blind und reflexionslos der verdinglichten instrumentellen Vernunft ausliefert: „Jeder Versuch, den Naturzwang zu brechen, indem Natur gebrochen wird, gerät nur umso tiefer in den Naturzwang hinein. So ist die Bahn der europäischen Zivilisation verlaufen."

✳

Seit jeher empfand der Mensch den Wald als das Andere der Zivilisation, als Ort des Gefahrvollen und Nicht-Geheuren. Die kollektive Phantasie erschloß sich diesen Bezirk mittels einer differenzierten Dämonologie, in der böse Hexen ebenso Platz finden wie gefährliche Drachen, listige Zwerge oder bedrohliche Riesen. Hauffs Märchen schreibt diesen Antagonismus fort und verändert ihn zugleich. Denn die Waldgeister Holländer-Michel und Glasmännlein stellen beide Geld zur Verfügung, jenes für die bürgerliche Gesellschaft grundlegende Kommunikationsmedium, in dem sich moderne Rationalität prototypisch darstellt. Das Kapital scheint die Fronten zu wechseln. Sein Ursprungsort findet sich nicht mehr in der Gesellschaft, sondern in den gesellschaftsfernen Zonen des Waldes. Auf den ersten Blick ein Widerspruch, bei näherem Hinsehn freilich ein Einfall von enormer historischer Weitsicht. Die Engführung von numinosem Waldgeist und Geld verleiht der bürgerlichen Ökonomie die Qualität einer Schicksalsmacht, die sich dem Menschen in der gleichen Unfaßbarkeit präsentiert wie früher die unbegriffene und bedrohliche Außenwelt. Das Kapital gerät zur zweiten Natur. Die Semantik des 19. Jahrhunderts, selbst die der ökonomischen Theorie, trägt dem Rechnung. Karl Marx bemüht den Begriff Fetisch, wenn er den naturwüchsigen Charakter der kapitalistischen Ökonomie zu beschreiben sucht. Noch wo Goethe mit ahnungsvoller Skepsis ein allgegenwärtiges „Durchrauschen des Papiergeldes" wahrzunehmen glaubt, verleiht seine Imagination der Geldzirkulation das Gepräge dynamischer Naturprozesse. Hauffs Waldgeister verkörpern die zur zweiten Natur hypostasierte Macht des Geldes. Dabei sieht sich die Erzählung genötigt, zwischen dem guten Kapital des Glasmännleins und dem schlechten des Holländer-Michel zu unterscheiden. Vielleicht war es diese wohlmeinende Unterscheidung, die den antikapitalistischen Fundamentalkritiker Marx veranlaßte, von Hauffs Geldmärchen so gut wie keine Notiz zu nehmen.

*

Nachdem Peter zur Abendstunde aus dem Munde des Großvaters die *Sage* vom Holländer-Michel vernommen, geistern Glasmännlein und diabolischer Riese noch lange durch die wirren Phantasien des

Schlafenden. Die unruhigen Träume des Köhlerjungen offenbaren bemerkenswerte soziologische Einsichten. Das Traumszenario läßt Glasmännlein *auf einer ungeheuren grünen Flasche im Zimmer um-herreiten.* Holländer-Michel reißt die Stubenfenster auf und reicht von draußen *mit seinem ungeheuer langen Arm einen Beutel voll Goldstücke herein.* Prophete rechts, Prophete links. Schatzhauser, der gute Waldgeist, agiert im Inneren des Hauses, er steht für eine sich selbst beschränkende, überschaubare Ordnung. Er vertritt ein regionales Wirtschaften, das keine Anstalten macht, altherge-brachte Grenzen zu überschreiten. Solcher Bodenständigkeit ent-spricht die an heimischen Ressourcen orientierte Warenproduktion, hier die Glasbläserei. Ihr Traumsymbol ist die überdimensionale Flasche, deren Grün womöglich an die vertraute Farbe der heimat-lichen Wälder gemahnt. Als Resultat dieses Wirtschaftens entste-hen handwerklich geschaffene Gebrauchsgegenstände, die im All-tag der Menschen sich als nützlich und sinnvoll erweisen. Hollän-der-Michel bietet das Kontrastprogramm. Von draußen, aus nicht näher benannter Ferne, dringt er gewaltsam in die Häuslichkeit ein. Das Öffnen des Fensters signalisiert den Einbruch der global aus-gerichteten Ökonomie in die beschauliche Welt regionalen Wirt-schaftens. Der Eindringling hat es zudem nicht nötig, alltagstaugli-che Waren anzubieten. Er lockt mit verführerischer Goldwährung. Er ist der Mann der abstrakten Geldform.

*

Peters erster Versuch der Kontaktaufnahme mit dem Glasmännlein scheitert wegen des fehlenden Reimwortes. Nach einigem Heru-mirren im dunklen Wald findet der Köhlerbursche für die Nacht gastfreundliche Aufnahme bei einer Holzfällerfamilie. Ein gewaltiger Gewittersturm bricht in den späten Abendstunden los, der bei den Kindern des Hauses und beim Großvater recht unterschiedliche Reaktionen hervorruft. *Die furchtlosen Jungen wollten hinaus in den Wald laufen und dieses furchtbar schöne Schauspiel mit ansehen; ihr Großvater aber hielt sie mit strengem Wort und Blick zurück.* Die Enkelgeneration hat nicht nur den jugendlichen Überschwang auf ihrer Seite, sie scheint auch infiziert von jener Ästhetik des schönen Schreckens, die im 18. Jahrhundert die Naturwahrnehmung zu prägen beginnt. Die Jungen, erpicht aufs *furchtbar schöne Schauspiel* der Naturgewalten, wollen genießen, was bei Edmund Burke „aesthetic of terror" heißt. Der Großvater hingegen, Vertreter eines älteren Weltgefühls, hat sich das Gespür bewahrt für die konkreten Gefahren, denen der Mensch sich stets aussetzt, wenn er wagemutig die Begegnung mit der übermächtigen Natur sucht. Vor allem ist der Alte fähig, das Wüten der Elemente realistisch einzuschätzen, eine Haltung, die um menschliche Grenzen weiß und in solchem Wissen das Inkommensurable und Unverfügbare der Wirklichkeit anerkennt. Doch augenscheinlich gilt die Sorge des Großvaters nicht nur dem Sturm, sondern auch dem Treiben des Holländer-Michel, der mit Vorliebe in solchen Gewitternächten die größten Tannen fällt. Das Wüten der Elemente geht einher mit den zerstörerischen Kräften menschlicher Naturbeherrschung, die in der Gestalt des riesigen Holzfällers sich zu dämonischer Übergröße verdichten. Die technologischen Produktivkräfte des homo faber haben ein destruktives Niveau erreicht, auf dem sie mit den Naturgewalten konkurrieren können. Demgemäß treten auch sie als mythischer Bann und als übermächtige Wesenheiten in Erscheinung. Die unterschiedlichen Wahrnehmungen des Großvaters und der

Enkelkinder verschränken sich in einer subtilen historischen Dialektik. Mit der Idee des schönen Schreckens schuf die kollektive Einbildungskraft sich ein kognitives Dispositiv, das es erlaubt, nicht nur die Naturgewalten, sondern auch die zur zweiten Natur geronnene Übermacht der gesellschaftlichen Gebilde ästhetisch zu fassen und damit erträglich zu machen.

*

Wie gelangt Peter Munk an das Reimwort, welches ihm die Begegnung mit dem Glasmännlein ermöglicht und an das er sich zunächst partout nicht erinnern kann? Es fällt ihm nicht zu kraft eigener Gedächtnisleistung, sondern es wird ihm im wahrsten Sinne des Wortes von außen eingegeben. Kurz zuvor hatten die Erzählungen des Großvaters, aber auch der nächtliche Traum von Glasmännlein und Holländer-Michel, die Phantasie und das Unterbewußtsein des Helden stimuliert. Die Einbildungskraft wurde empfänglich für das morgendliche Lied der drei romantischen Wanderburschen, in dem plötzlich das gesuchte Reimwort ertönt. Es fährt *wie ein leuchtender Blitz durch Peters Ohr.* Altbekannte Erleuchtungsmetaphern geben dem Geschehen das Gepräge einer Inspiration, die sich nachgerade physisch in den Hörsinn einsenkt. Im Verein mit dem Lied der Wanderer wirkt der Vorgang wie das späte Echo antiker Inspirationsbilder. *Tut mir die Liebe und sprecht, was Ihr gesungen!* Peters flehentliche Bitte ähnelt dem Musenanruf, dem Wunsch nach jener Eingebung von oben, die nicht nur bei Homer und in Vergils „Musa mihi causas memora" aus dem persönlichen Erinnern ein Eingedenken macht, das Fühlung herstellt zum Mythos und zu den Archetypen. Im Topos der Inspiration steckt die

Idee einer von höherer Instanz gewährten Erkenntnis. Peter Munk will freilich nicht mehr den Mythos und die Schicksale der Helden singen. Ein Kind der bürgerlichen Moderne, benötigt er das Reimwort, um sich Geld und Sozialprestige zu verschaffen.

✳

Peters Weg zum Glasmännlein verschränkt auf verstörende Weise romantische Bilder mit dem Fetisch Geld. Das fehlende Reimwort enthüllt sich dem Helden in einer Situation, die der poetischen Welt Eichendorffs entstammen könnte. Gerade erwacht in seiner Schlafstube, hört Peter durchs Fenster den Gesang von drei Wanderburschen, die des Morgens *im Vorübergehen* ein Lied erschallen lassen, welches *wie ein leuchtender Blitz* das gesuchte Wort enthüllt. Eine romantische Urszene: die enge Stube; das Fenster als Schwelle, die ins Offene und Weite hinausführt; dann die Wanderer, die zu unbekannten Zonen aufbrechen. Schließlich Gesang und Musik als Schlüsselreize, die das Verlangen nach Entgrenzung wachrufen. Die Nähe zu Eichendorffs berühmtem Gedicht „Sehnsucht" scheint unverkennbar, wo der am Fenster Lauschende, verführt durch den Gesang zweier Wanderburschen, sich in die Phantasmagorie eines italienischen Südens hinausträumt. Auch mag man an Eichendorffs nicht weniger bekannte „Wünschelrute" denken. Der Vierzeiler entwirft die Utopie einer Begegnung, in deren Verlauf es der gewaltlosen poetischen Sprache des Menschen gelingen könnte, den allem Verwertungsinteresse und aller Zweckrationalität unzugänglichen Geist der Natur aufzuschließen: „Und die Welt hebt an zu singen, / Triffst du nur das Zauberwort." Doch beide Gedichte entstanden erst einige Jahre nach Hauffs Märchen. Damit fällt auf ihre poetische Aura der Schatten eines früheren Textes, in dem jedoch der romantische Aufwand einzig dazu dient, mittels Reimfindung an ein Paßwort zu gelangen, das zum Geldbesitz führen soll. Nicht die blaue Blume ist das Ziel, sondern das Kapital.

✳

Die Glashütte, die Peter mit dem vom Glasmännlein bereitgestellten Startkapital erwirbt, bietet die Chance zum rechten Leben. Der Zögling des guten Waldgeistes besitzt fortan einen soliden Handwerksbetrieb. Sein Gewerbe bleibt, anders als der auf Globalierung drängende Kapitalismus des Holländer-Michel, der heimatlichen Sphäre verbunden. Es geht um Seßhaftigkeit in des Wortes reinster Bedeutung. Zunächst scheint alles gut zu gehen. Für einen kurzen Moment gewinnt man sogar den Eindruck, als könne Peter eine Zukunftsperspektive finden, in der berufliche Pflicht und persönliche Neigung sich zusammenfänden: *und seine größte Freude war, das Glas blasen zu sehen, und oft machte er sich selbst an die Arbeit und formte aus der noch weichen Masse die sonderbarsten Figuren.* Er entwickelt ein Gefühl für die ästhetischen Seiten der Glasbläserei, er versucht sich gar als Künstler, wo er nachgerade demiurgisch aus dem Ungeformten die unterschiedlichsten Gestaltbildungen hervorbringt, seltsame Gebilde, die er improvisierend und in spontaner Phantasietätigkeit mit der Kraft seines Atems, seines Odems erzeugt. Was wäre aus Peter geworden, hätte er diesen Weg weiterbeschritten? Vielleicht wäre er schon auf die Spur jenes modernen Künstlertyps geraten, für den später Gottfried Benn im „Ptolemäer" das Bild des Glasbläsers finden wird: „Blase die Welt als Glas, als Hauch aus einem Pfeifenrohr: der Schlag, mit dem du alles löst:

die Vasen, die Urnen, die Lekythen – dieser Schlag ist deiner und er entscheidet." Benn kann nicht umhin, für die Beschreibung der autonomen Kunst ein Bild zu bemühen, das handwerkliche Arbeit und künstlerische Tätigkeit zusammenspannt. Ein ihm wohl selbst nicht bewußtes Echo von Hauffs Märchen und seiner Improvisationen in Glas. Peters Formenspielerei vereint Handwerk und Kunst. Sie läßt in nuce ein ästhetisches Produktionsparadigma erahnen, das utopisch die Idee nichtentfremdeter Arbeit beschwört. Wenig später werden auch Marx und Engels sich solchen Träumen hingeben. So berichtet die kleine Szene in der Glashütte von der Möglichkeit einer historischen Weichenstellung. Für einen Moment blitzt die Idee der Versöhnung von Ökonomie, Technik und Ästhetik auf. Doch die Verheißung zerfährt, kaum daß sie zur Erscheinung kam. Peter wendet sich ab und desertiert zum Fetisch Geld, dem er beim *Wirshauslaufen* und beim Glücksspiel huldigt. Aus dem angehenden Künstler wird der *Spielpeter*.

·:·

Holländer-Michel und Glasmännlein: Wunscherfüller der eine wie der andere, und doch trennen sie Welten. Hier der diabolische Seelenfänger, dort der gütige Waldgeist, dem das Seelenheil seiner Schützlinge am Herzen liegt. Doch hinter der märchenhaften Polarität von gutem und bösem Prinzip zeigen sich die Konturen einer Kritik, die geradewegs ins Zentrum einer bürgerlichen Zweckrationalität zielt, die im Geldprinzip ihren prägnanten Ausdruck findet. Beim Holländer-Michel gibt es nur Geld, nichts als Geld. Die Wunscherfüllung wird eins mit Geldbesitz, sie verdampft gleichsam in der lebensfernen Abstraktion dieses Mediums. Einmal in den

Sog dieses „fürchterlichen Nivellierers" (Georg Simmel) geraten, verliert der Besitzer die Lust am Konkreten. Für ihn gelten die säkularen Worte, welche im „Faust II" die Sorge dem zum globalen Handelsherren mutierten Faust auf seinen letzten Erdentag mitgibt: „Und er weiß von allen Schätzen / Sich nicht in Besitz zu setzen. / Glück und Unglück wird zur Grille." Peters von *Langerweile* durchsetzte Weltfahrt, auf der ihn nichts mehr erfreut, weil er an nichts mehr Anteil nehmen kann, erfolgt im Schatten dieser Zeitdiagnose. Gegen diese Verdinglichung im Bann des Geldprinzips versucht das Glasmännlein ein menschliches Vermögen zu mobilisieren, das vor solcher Entfremdung schützen könnte. *Verstand, sag ich dir, Verstand, gesunden Menschenverstand und Einsicht hättest du wünschen sollen.* Der gute Geist mahnt eine Sinnperspektive an, die dem Geldprinzip vorgeordnet wäre und es auf humane Zwecke ausrichten könnte. Er spricht vom gesunden Menschenverstand, doch im Grunde geht es um das, was Kant Vernunft nennt: das Vermögen regulativer Ideen, die allem praktischen Handeln erst den rechten Sinn geben. Das Glasmännlein ist der Sachwalter einer raison d'être des Geldes. Er beschränkt das Geld auf seine bloße Funktion als Mittel zu einem Zweck, über dessen Sinn und Legitimität nur außerhalb des Geldprinzips zu befinden ist. Dagegen Holländer-Michel als Agent einer Moderne, die das an humanen Bedürfnissen orientierte Verhältnis von Zweck und Mittel umkehrt: das Leben als pures Mittel für den Geldzweck. Die mahnenden Worte des Glasmännleins geraten zur düsteren Prophetie der generellen Vertauschung von Zweck und Mittel, dem Sündenfall der bürgerlich-kapitalistischen Gesellschaft.

*

Der Haß des Holländer-Michel auf das Glasmännlein birgt gewichtige geldtheoretische Implikationen. Dem kapitalistischen Riesen erscheint der gute Waldgeist als Geizhals, der immer nur begrenzte Mittel zur Verfügung stellt. Dagegen Michels Credo: *Wenn man schenkt, muß man gleich recht schenken, und nicht wie dieser Knauser.* In der Tat stellt das Glasmännlein dem jungen Bittsteller gerade mal 2.000 Gulden zur Verfügung, das Startkapital für den Erwerb einer zum Verkauf stehenden Glashütte. Dies mit der Ermahnung, *komm mir nicht wieder, um Geld zu fordern; denn dann müßte ich dich an die höchste Tanne aufhängen.* Peter wird angehalten zu vernünftigem Wirtschaften, zu einem Finanzgebaren, das die Knappheit des Geldes mit ins Kalkül zieht. Die ökonomischen Strategien des Glasmännleins zielen auf Begrenzung und Selbstbeschränkung, wohl wissend um die menschlich verheerenden Folgen einer rückhaltlosen und rücksichtslosen Entfesselung kapitalistischer Gier. Der gute Waldgeist, immerhin trägt er den Beinamen *Schatzhauser*, versucht in die Dynamik des Kapitalismus noch statische Elemente der Mäßigung und Selbstbesinnung einzubauen, Momente des Beharrens und Verweilens, die sicherstellen sollen, daß aus dem Mittel Geld nicht der Endzweck Geld werde, der alles Menschliche verdinglicht. Insofern waltet im mahnenden Knausertum des Glasmännleins eine geldexterne Moral, die aus der Sicht des Kapitals freilich eine Störung darstellt, eine Fessel der Ökonomie, ein Standortnachteil, wie man heutzutage wohl sagen würde. Mit wachem kapitalistischem Instinkt wittert Holländer-Michel in seinem Widerpart den *Separatisten und Frömmler*, welcher der reinen Lehre fernsteht und mit seiner ethischen Gesinnung das Kapital an der Entfaltung hindert. Doch Peters Fahnenflucht ins Lager des Holländer-Michel signalisiert, daß die menschenfreundliche Ökonomie des guten Waldgeistes es schwer hat in einer Welt, die mit grenzenlosem Geldbesitz lockt. Das Kapital, historisch entstanden zum Zwecke der Regulierung knapper Güter, verweist immer auch auf das Andere der Knappheit, auf den Überfluß und die faszinierenden Möglichkeiten unbegrenzter finanzieller Mittel. Geld ist immer die Einheit der Differenz von Glasmännlein und Holländer-Michel, von Knappheit und Überfluß. Auf der anderen Seite der Knappheit beginnt die Herrschaft des Holländer-Michel. In der Verheißung unendlichen Geldes ist sie dem Glasmännlein prinzipiell überlegen. Wo das Glasmännlein 2.000 Gulden zum maßvollen und sparsamen Gebrauch bereitstellt, dort schmeißt Holländer-Michel gleich mit 100.000 Gulden um sich. Obendrein stellt er noch weitere Geldmengen in Aussicht. Ein Blick aufs 19. Jahrhundert zeigt, daß der Erfolg eindeutig auf der Seite des dämonischen Riesen zu finden ist. Wo immer die Ökonomie des Glasmännleins siegreich bleibt, kann es sich nur um ein Märchen handeln.

※

Der Wald um den Tannenbühl ist Schauplatz eines Kampfes, den Holländer-Michel und Glasmännlein um die Seele des Peter Munk ausfechten. Die mächtige Stange des Holzfäller-Riesen verwandelt sich dabei in eine *ungeheure Schlange*, der sich ein *ungeheurer Auerhahn* entgegenstellt, der Sendbote des Glasmännleins. Das uralte Szenario des Götterkampfes kehrt wieder, das zum Mythos gehört, seitdem es überhaupt Mythen gibt. Mit ästhetischem Raffinement und historischem Gespür gibt Hauff diesem Archetyp moderne Züge. Die beiden Waldgeister vertreten im Guten wie im Schlechten die Macht des Geldes. Die ökonomische Sphäre, personifiziert in den mächtigen Rivalen, gewinnt die Bedeutung einer zweiten Naturgewalt, die über die Köpfe der Einzelnen hinweg in menschliche Schicksale eingreift. Schon im 18. Jahrhundert ersann Adam Smith das marktliberale Denkbild von der unsichtbaren Hand: die Idee, es gäbe so etwas wie eine List der ökonomischen Vernunft, die alle Einzelinteressen und Egoismen der Wirtschaftssubjekte für die Mehrung des gesamtgesellschaftlichen Reichtums zu nutzen verstünde. Selbst noch bei Marx finden sich Restspuren einer quasimythischen Beschreibung der ökonomischen Sphäre. Er spricht vom „Sichfestsetzen der sozialen Tätigkeit", von der „Konsolidation unseres eigenen Produkts zu einer sachlichen Gewalt über uns, die unsrer Kontrolle entwächst, unsre Erwartungen durchkreuzt, unsre Berechnungen zunichte macht". Die Menschen empfinden, so Marx, die Eigengewalt der ökonomischen Sphäre wie „eine fremde, außer ihnen stehende Gewalt, von der sie nicht wissen woher und wohin, die sie also nicht mehr beherrschen können". In den gesellschaftlichen Objektivierungen kehrt jener eherne „Absolutismus der Wirklichkeit" wieder, an dem sich nach Hans Blumenberg alle mythische Weltauslegung entzündet und abarbeitet. Selbst die Wahrnehmung der Moderne bedient sich mitunter noch der mythischen Bilder. Wenn etwa Max Weber die innergesellschaftlichen Konflikte analysiert, die sich zwangsläufig aus dem „Polytheismus der Werte", aus den unterschiedlichen Ansprüchen, Zielsetzungen und Funktionsperspektiven der sozialen Gebilde und Institutionen ergeben: „Die alten vielen Götter, entzaubert und daher in Gestalt unpersönlicher Mächte, entsteigen ihren Gräbern, streben nach Gewalt über unser Leben und beginnen untereinander wieder ihren ewigen Kampf."

*

In seinen Illustrationen zu Hauffs Märchen bringt Alfred Kubin Glasmännlein und Holländer-Michel in eine hellsichtige antithetische Konstellation. Schatzhauser, der gute Waldgeist, sitzt in der Tiefe des Waldes, der Seßhafte in einer Welt, in der die Menschen ihren dauerhaften, in Generationen erworbenen Platz behaupten. Das Astgewirr der Büsche und Bäume umschließt ihn wie ein schützendes Gehege, fast wie eine Dornröschenhecke. Ein Rahmen, der Abgeschlossenheit signalisiert, aber auch von der Imago des Nestes und von der Behaglichkeit des Verweilens berichtet. Diesem traulichen Miteinander von Naturnähe und Beharrung opponiert die Darstellung des Holländer-Michel. Ein mächtiger Flößer, durch die Froschperspektive des Betrachters noch ins Übergroße gesteigert, fährt er flußabwärts auf seinen Baumstämmen dahin. Die riesige Flößerstange durchschneidet in harter Diagonale das Bild und verstärkt den Eindruck von Dynamik und Entgrenzung. Alles Seßhafte und Bodenständige liegt weit zurück. Nur in der Ferne sieht man noch eine kleine Hütte, die Restspur der gerade entschwindenden Welt bäuerlichen und vorindustriellen Herkommens. Kein schützender und begrenzender Rahmen ist zu sehen. Stattdessen strebt die Fahrt über den Bildrand hinaus ins Offene einer imaginäre Ferne. Die Synopse der beiden Bilder gibt zudem Aufschluß über das Schicksal des Waldes. Beim Glasmännlein wirkt er noch wie ein undurchdringlicher Verhau, der nur in der Mitte den Blick erlaubt auf den *Herrn des Waldes*. Im Bannkreis des Holländer-Michel gibt es nur die Zeugnisse der Abholzung: die Baumstämme des Floßes und die gewaltige Flößerstange. Aus dem wilden Wald wurde das Holzprodukt, mit dem man Geld verdient.

Auch spielt Kubins Bild mit einigen Traditionsbeständen der niederländischen Malerei. Würde man den diabolischen Flößer aus dem Bild entfernen, so ergäbe sich fast ein Landschaftsbild aus den großen Zeiten der niederländischen Malerei. Der weite Himmel, der genregerecht zwei Drittel des Bildraumes ausfüllt und die Weite der Landschaft betont. Ohne den übergroßen Holländer-Michel träte im Hintergrund der zweite Flößer deutlicher ins Blickfeld, ein kleiner Mensch in weiter Landschaft, der mitsamt der niedrigen Hütte zu einem Bild beitrüge, das getrost den Titel ‚Flußlandschaft mit Flößer' tragen könnte. Doch in solche Beschaulichkeit platzt die übergroße Figur des diabolischen Verführers und bringt alles Idyllische aus den Fugen. Die dämonische Gestalt des schwarzen Riesen legt sich wie ein bedrohlicher Schatten über die Landschaft. Kubins Hauff-Illustrationen datieren aus dem Jahre 1911, aus einer Zeit, in der Georg Heym an seinen Gedichten schrieb, die dann 1912 posthum unter dem Titel „Umbra vitae" erschienen, mit Holzschnitten von Ernst Ludwig Kirchner. Heyms Lyrik wird nicht müde, die Übergewalt der urbanen und technisch-industriellen Sphäre mit Bildern zu belegen, in der die vom Menschen geschaffenen objektiven Gebilde sich zur neuen mythischen Dämonologie verdichten: der Gott der Stadt, die ins Apokalyptische gesteigerte Personifikation des Krieges, die Dämonen der Städte. Alfred Kubins Holländer-Michel spielt die Rolle des missing link zwischen der Märchenphantasie eines Wilhelm Hauff und der expressionistischen Mythologie der bürgerlichen Gesellschaft.

*

Lange mag man rätseln, warum Hauffs letzter Märchen-Almanach die Erzählung vom kalten Herzen auseinanderreißt und in zwei Abteilungen präsentiert. Redaktionelle Erwägungen mögen eine Rolle gespielt haben, da die Länge des Textes eine Aufteilung vielleicht ratsam erscheinen ließ. Doch Interpreten von Literatur sind immer auf der Suche nach der anderen Deutung. Die Frage ließe sich stellen, ob nicht auch strukturelle und kompositorische Gründe von Belang sein konnten. Es fällt auf, daß die zweite Abteilung des Märchens die einzige Textpartie ist, die man nicht im Wirtshaus im Spessart erzählt, an jenem Schauplatz, der dem Almanach seinen Namen gibt. Der Schluß des Geldmärchens um Peter Munk wird gleichsam ausgelagert, und dies an einen Ort, dem man durchaus eine gewisse symbolische Prägnanz zuerkennen muß. Der Student erzählt vom weiteren Schicksal des jungen Kohlenbrenners erst wieder im Räuberlager, wohin man ihn mitsamt dem als Gräfin verkleideten Jüngling Felix verschleppte. Die Topographie verdient Beachtung. Das Räuberversteck befindet sich in „einer tiefen Waldschlucht", die man nur erreicht, wenn man „einen steilen Abhang" hinabklettert. In einer *tiefen, abschüssigen Schlucht* liegt auch das Anwesen des Holländer-Michel. Die motivische Entsprechung von Rahmen- und Binnenerzählung ordnet die Welt der Räuber und die Sphäre des Holländer-Michel einem gemeinsamen Fluchtpunkt zu. Hier die Geiselnehmer, die auf hohes Lösegeld hoffen, dort der dämonische Verführer, der mit gewaltigen Summen lockt und sich Herzen und Seelen kauft. Es erhärtet sich die Vermutung, hier möchte genaues kompositorisches Kalkül am Werke sein. Die Erzählung setzt just mit jenem Moment wieder ein, da Peter der Pfändung seiner Glashütte und damit seinem Ruin entgegensieht. Er hat die Segnungen des Glasmännleins im doppelten Sinn des

Wortes verspielt, so daß nun für ihn nur noch Holländer-Michel als Retter und Nothelfer in Betracht kommt. Wenig später macht der vom Glasmännlein Enttäuschte sich auf in das Revier und in die tiefe Schlucht des diabolischen Geld-Verführers. Peters unmenschliche Karriere als hartherziger Geizhals und kaltherziger Ausbeuter nimmt ihren Lauf.

❧

In Schillers Kriminalerzählung „Der Verbrecher aus verlorener Ehre" schließt der auf die schiefe Bahn geratene Protagonist sich einer schlimmen Räuberbande an. Deren Aufenthaltsort befindet sich in einer tiefen und unzugänglichen Schlucht. Der Ankömmling „schaut in den Schlund hinab", er glaubt, den „Abgrund der Hölle" unter sich zu haben. Der Wohnsitz des Holländer-Michel erinnert an diese Szenerie. Er befindet sich in *einer dunkeln, tiefen, abschüssigen Schlucht*. Zur Gestalt des Versuchers paßt die Topographie der Hölle. Sogar über eine eigene Lichtquelle scheint dieser Bezirk zu verfügen, denn es *wurde zu Peters Verwunderung nicht dunkler; im Gegenteil, die Tageshelle schien sogar zuzunehmen in der Schlucht*. Eine infernalische Anti-Welt, die des natürlichen Sonnenlichtes nicht bedarf, weil ihr das luziferische Licht leuchtet. Diese Hölle ist dennoch eine sehr irdisch- bürgerliche. Der dämonische Flößer bewohnt ein *Haus, so gering oder gut, als es reiche Bauern auf dem Schwarzwald haben*, mit hölzerner Wanduhr, Kachelofen und bequemer Stube. Doch hinter dieser Gemütlichkeit verbirgt sich der Bereich der verlorenen Seelen. Eine Kammertür führt in einen Raum, in dem *auf Gesimsen* mehrere Reihen von Gläsern standen, *und in jedem dieser Gläser lag ein Herz*. Obendrein sind die Gefäße noch sorgfältig mit den Namen ihrer Besitzer beschriftet. Der Bezirk der Verdammten hat das Gepräge einer übersichtlichen, gut geführten bäuerlichen Vorratskammer, als würde dieses Eingemachte irgendwann einmal dem Verzehr zugeführt. Das Groteske und Skurrile dieser Herz-Kammer ergibt sich aus dem Miteinander von bürgerlichem Ordnungssinn und leisen anthropophagischen Reminiszenzen. Wilhelm Busch wird später in seiner Geschichte vom „Eispeter" diese Kombination zur makabren Pointe verdichten. Der im vereisten See fast erfrorene Junge wird beim Erwärmen immer flüssiger, so daß schließlich nichts anderes übrig bleibt, als seine liquiden Reste in einem Topf aufzufangen und sie im Kellerregal zwischen Eingemachtem aufzubewahren. Hauffs Erzählung unterfüttert, im Interesse ihrer Wirkungsabsicht, die aktuelle Realität noch mit Versatzstücken aus dem Fundus der Dämonologie, mit den Bildresten von Abgrund und Hölle. Wilhelm Busch hat derlei metaphorische Absicherung nicht mehr nötig, da mittlerweile die bürgerliche Ökonomie geständig wurde.

✳

In der *dunkeln, tiefen, abschüssigen Schlucht*, dem Wohnsitz des Holländer-Michel, verbirgt sich das Reich des Widersachers. Michel tritt auf als biblischer Versucher, wenn er *von den Freuden der Welt* erzählt und Peters Wünsche auf die irdischen Verlockungen lenkt. Schon Satan zeigte Jesus „alle Reiche der Welt und ihre Herrlichkeit" (Matth.4,8), wenn auch vergeblich. Der dämonische Flößer hat mehr Erfolg. Seine Berichte *von fremden Ländern, schönen Städten und Flüssen* wecken in Peter eine *große Sehnsucht*, die zusammen mit der Aussicht auf gewaltige Geldmengen zur Einwilligung in den Teufelspakt führt. Peter befiehlt seinen Geist in die Hände des Versuchers. Dies kann man wörtlich nehmen. Der plötzlich zur Höhe eines Kirchturmes angewachsene Riese ist seinem Besucher beim Abstieg in die unzugängliche Schlucht behilflich: *Setz dich nur auf meine Hand und halte dich an den Fingern, so wirst du nicht fallen.* Der Widersacher usurpiert die schützende Hand Gottes, die den Seelen der Gerechten Halt gibt (Wsh. 3,1). Von ihr sagt der Prophet Jesaja, sie sei nie zu kurz, als daß sie nicht helfen könne. Doch die Schutzverheißung des Holländer-Michel führt in die Verdammnis, sie ertönt nicht aus himmlischen Sphären, sie schallt herauf aus dem Abgrund *wie eine tiefe Totenglocke.* Noch die Lichtverhältnisse in der Höllenschlucht zeugen vom Herrschaftbereich des Versuchers. Die Fahrt nach unten, *weit und tief hinab,* führt zu Peters Verwunderung nicht ins Dunkel, sondern in zunehmende Helle. Eine realitätswidrige, fragwürdige Beleuchtung, die an die Warnung des Paulus gemahnt, der Satan verstelle sich zum „Engel des Lichtes" (2. Kor. 11,14).

*

Holländer-Michel versucht Peter Munk von den Vorteilen des Herztausches zu überzeugen. Er bedient sich dabei einer raffinierten Argumentationsstrategie, die eine neue Anthropologie anvisiert. Alle Träger eines steinernen Herzens *haben des Lebens Ängste und Sorgen weggeworfen, keines dieser Herzen schlägt mehr ängstlich und besorgt und ihre Besitzer befinden sich wohl dabei, daß sie den unruhigen Gast aus dem Hause haben.* Die Exstirpation von Angst und Sorge soll Wohlbefinden und Zufriedenheit gewährleisten. Eine auf den ersten Blick plausible und verführerische Beweisführung, doch sie unterschlägt die konstitutive Bedeutung, die Angst und Sorge für jedes menschliche Dasein besitzen. Für Kierkegaard gäbe es ohne Angst keine Freiheit des Wählens, keine durch Entscheidung hergestellte Selbstbestimmtheit. Die dialektische Verschränkung von Angst und Freiheit ist für Heidegger aller menschlichen Existenz unabdingbar. Nur über die in der Angst erfahrene Ungesichertheit des Daseins gelangt der Mensch zur Eigentlichkeit seiner Existenz als dem Vermögen, sich selbst wählen zu können. Erst in der Angst, so Sartre, wird der Mensch sich seiner Freiheit bewußt. Gleiches gilt für die Sorge. Goethes Faust muß kurz vor seinem Tode, in der Begegnung mit der gespenstischen Gestalt der Sorge, zur Kenntnis nehmen, daß jedem menschlichen Handeln ein unveräußerliches Moment von Besorgnis zugehört. Heidegger deutet die Sorge als Existenzial, das gebunden bleibt an die Zeitlichkeit und Offenheit des Daseins, in die alle menschliche Existenz sich vorsorgend hineinentwirft. Wenn Holländer-Michel mit diabolischer Rabulistik das menschliche Herz, für ihn der Sitz von Angst und Sorge, als *unruhigen Gast* bezeichnet, bestimmt er beide Existenzialien als dem Menschen wesensfremd. Er macht aus ihnen heimlich und widerrechtlich eingedrungene Störenfriede, die es um jeden Preis zu vertreiben gilt. Erst ihre Ausmerzung gewährleistet das rechte und wahre Menschentum. Daß diese Anthropologie auf das von Holländer-Michel vertretene Geldprinzip zugeschnitten ist, läßt sich unschwer erkennen. Die Warenzirkulation braucht tendenziell den menschlich entkernten, seiner Freiheitsmöglichkeiten weitgehend beraubten Konsumenten, dem man das Immergleiche der bunten Warenwelt als neuen Raum der Wahl-Freiheit vorgaukelt. Die radikale Konsequenz dieses Menschenbildes tritt hervor, als der Verführer seiner Argumentation zusätzlichen Nachdruck verleiht, indem er die Vorzüge des steinernen kalten Herzens preist: *weder Angst noch Schrecken, weder törichtes Mitleiden noch anderer Jammer pocht an solch ein Herz.* Die Terminologie bezieht sich auf eine höchst prominente ästhetische Diskussion des 18. Jahrhunderts. Mitleid, Jammer und Schrecken waren seinerzeit Leitbegriffe beim Versuch, den aristotelischen Katharsis-Begriff für die frühmoderne Wirkungsästhetik fruchtbar zu machen. Im Lichte solcher Begriffsgeschichte unternimmt Holländer-Michel den brisanten und hochaktuellen Versuch, dem Menschen via Herztausch das kathartische Vermögen auszutreiben. Dem Subjekt soll eine seiner stärksten Waffen genommen werden, das kritische und idiosynkratische Potential des Körpers, das sich den rigiden Abstraktionsansprüchen der instrumentellen Vernunft und des Kapitals nicht bruchlos einfügen läßt.

✻

Bei seinem Versuch, Peter den Herztausch schmackhaft zu machen, argumentiert Holländer-Michel mit einer Anthropologie der Unruhe. Erst dann werde Peter von seinen Ängstlichkeiten und Besorgnissen befreit, wenn er sich seines Herzens, der Ursache all dieser Befindlichkeiten, entledige und *den unruhigen Gast aus dem Hause* habe. Die Verheißung, daß die Unruhe des Herzens letztendlich an ein Ziel kommen und sich endigen möge, hat ihr großes historisches Vorbild. Augustinus gelangt am Schluß seiner „Confessiones" zur Erkenntnis, daß die Unruhe des Herzens nur in Gott ihren Frieden findet: „Fecisti nos ad te, et inquietum est cor nostrum, donec requiescat in te." Holländer-Michel übernimmt dieses Denkbild und macht es in diabolischer Verkehrung zum Anti-Modell.

Peters unruhiges Herz findet Ruhe und Frieden, indem es sich einer höheren Macht anheimgibt, der Macht des Geldes, das als neuer Weltenherrscher an die Stelle der christlichen Heilsversprechen trat. Zur gleichen Zeit, da Hauff an seinem Märchen schreibt, läßt Goethe seinen Mephisto das Papiergeld erfinden und Fausts diabolischen Helfer die Worte sprechen: „In diesem Zeichen wird nun jeder selig." Der Teufel usurpiert das Legendenwort des Kaisers Konstantin, der an der Milvischen Brücke das Kreuzeszeichen am Himmel erblickt und sich fortan der christlichen Botschaft anvertraut. Peter gerät in den Bann einer negativen Theologie. Den vereinbarten Herztausch bekräftigt Holländer-Michel mit mehreren Gläsern Wein. Eine Handlung mit leisen kultischen Zügen, die Gemeinschaft stiftet im Namen des neuen Gottes.

*

Die Aussicht auf *hunderttausend Gulden* ist allzu verlockend, als daß Peter in seiner Geldnot widerstehen könnte. Zumal Holländer-Michel mit dem Versprechen aufwartet, ein kaltes *Herz von Marmelstein* verschaffe seinem Besitzer weit mehr Ruhe und Gelassenheit als ein *ängstlich und besorgt* schlagendes Menschenherz. Nach einigem Zögern willigt Peter in den Herztausch ein: „*Gut, Michel; gebt mir den Stein und das Geld, und die Unruh könnet Ihr aus dem Gehäuse nehmen!*" Er bietet eine Selbstbeschreibung, die sich am Leitbegriff des Mechanischen orientiert, wie er sich zu jener Zeit vor allem im Bild des Uhrwerks darstellt. Die Sprache selbst wird zum Geständnis. Der Mensch als Maschine und Räderwerk. Eine damals geläufige Vorstellung, man denke nur an die Automatensucht des 18. Jahrhunderts oder an E. T. A. Hoffmanns ingeniös konstruierte Puppe Olimpia. Schiller greift in den „Ästhetischen Briefen" zum Bild des Uhrwerks, wo er seiner Zeit warnend die Transformation lebendiger Humanität in den Status bloßer Funktionalität und gesellschaftlicher Entfremdung vorhält. Peter freilich vermag in dieser Metaphorik nichts Schlimmes mehr zu erkennen. Er treibt sie eher noch auf die Spitze, wenn er selbst die Unruhe noch dem Uhrwerk zu entnehmen wünscht. Denkt man dieses Bild zu Ende, so antizipiert es einen Ruhezustand, der an Versteinerung denken läßt.

＊

Die Trennung von Herz und Körper kennt man aus den Bestattungsbräuchen europäischer Herrscherhäuser. Es gab sie bei den Saliern, den Wittelsbachern, nicht zuletzt bei den Habsburgern. Auch die Literatur bemächtigt sich des Themas. Vor allem Jean Paul greift in der „Unsichtbaren Loge" und im „Titan" das Motiv mit sichtlichem Vergnügen auf. Vor solchem Hintergrund gewinnt der Geld-Pakt mit Holländer-Michel gespenstische Züge. Denn bei Peter Munk und den anderen Klienten des dämonischen Riesen erfolgt die Herzentnahme bereits in vivo, was die Frage nahelegt, welche Qualität das irdische Dasein der Betroffenen nach dem Herztausch noch haben mag. Ein Körper ohne sein warmes, pulsierendes Herz, ein Leben, das nicht lebt, ein Tod bereits im Leben. Ein körperliches Fortexistieren, dem es an der originären Substanz des Menschlichen fehlt. Von den Zöglingen des Holländer-Michel heißt es schon zu Beginn, sie besäßen *unmenschlich* viel Geld. Doch erst die späteren Informationen über den Herztausch erschließen die ganze Tragweite dieser Formulierung. Man erkennt plötzlich ein von allem Menschlichen entkerntes Dasein, das sich verdinglichte zur bloßen Geldfunktion. In Samuel Coleridge's Ballade „The Ancient Mariner" mordet ein alter Seemann die Unschuld der Natur, indem er einen Albatros tötet. Zur Strafe gerät er in den Bann eines weiblichen Dämons mit Namen „Life-In-Death". Geht es hier noch um den a priori sündhaften Status aller menschlichen Existenz, so argumentiert Hauffs Märchen realistischer. Es zielt auf die konkrete Verfassung einer bürgerlichen Gesellschaft, die sich rückhaltlos dem Geldprinzip verschreibt und damit die Substanz des Menschlichen aushöhlt. Das Bild vom toten Leben bleibt fortan ein diskretes, aber analytisch wirksames Argument moderner Gesellschaftstheorie. In Ferdinand Kürnbergers Roman „Der Amerikamüde" firmiert es als bündige Formel der Kritik am brutalen Ökonomismus der Vereinigten Staaten: „Das Leben lebt nicht!" Just diesen Satz stellt Adorno seinen „Minima Moralia" als Motto voran, jenen „Reflexionen aus dem beschädigten Leben", die der seelischen Verödung des modernen Menschen nachspüren und die „kalte Herberge" der bürgerlichen Gesellschaft noch in kleinsten Epiphänomenen dingfest machen. Hartnäckig variiert Adorno in seinen Reflexionen die These, die kapitalistische „Durchorganisation" der menschlichen Beziehungen mache aus den Individuen einen „Zusammenschluß von Toten". Am Ende sehe der „Wille zum Leben" sich verwiesen „auf die Verneinung des Willens zum Leben." Der kalte Marmorstein, der in der Brust des Peter Munk an die Stelle des warmen Herzens tritt, antizipiert Adornos Erkenntnis, „unterm Apriori der Verkäuflichkeit" habe „das Lebendige als Lebendiges sich selber zum Ding gemacht".

*

74

Hauffs Geldmärchen erzählt von der Exkorporation des menschlichen Herzens: *Auf mehreren Gesimsen von Holz standen Gläser mit durchsichtiger Flüssigkeit gefüllt, und in jedem dieser Gläser lag ein Herz; auch waren an den Gläsern Zettel angeklebt und Namen darauf geschrieben, die Peter neugierig las.* Das vom Holländer-Michel angelegte Archiv der Herzen erinnert an die Mißgeburtensammlung von Jean Pauls Dr. Katzenberger, der in der gleichnamigen Novelle als passionierter Liebhaber des Monströsen und Abnormen zu makabrem literarischem Ruhm gelangte. In der Tat gewinnen die Herzen in der Einsamkeit der klinisch anmutenden Glasbehälter das Gepräge des extrem Deformierten und Grotesken. Was seit jeher als Seelenzentrum gedacht wurde, in der Sprache der Hildegard von Bingen als domus animae, es gerät zum unheimlichen Ding, wo es der lebendigen Ganzheit des menschlichen Körpers entrissen und von dieser isoliert wird. Eine Exterritorialisierung findet statt, die alle Herzensangelegenheiten in eine Zone jenseits der bürgerlichen Ökonomie auslagert. Die Entlastungswirkung dieser Ausdifferenzierung ist nicht zu unterschätzen. Das Geldprinzip kann sich, wie Peters weitere kapitalistische Karriere eindrücklich vor Augen führt, ungestört entfalten, ledig aller Rücksichtnahme auf eine raison du cœur, in der sich humane Ziele der Ökonomie noch zur Geltung bringen könnten. Solchermaßen getrennt vom Wesenskern menschlichen Daseins, fristen die Herzenssachen ein Leben gleichsam hinter Glas, in einem Reservat, worin sie dann im weiteren Verlauf des 19. und 20. Jahrhunderts zur Staffage nichtssagender tränenseliger Inszenierungen verkommen. Hier entsteht jene wirkungsmächtige Allianz von Kitsch und Gemüt, die der Innerlichkeit ihr kritisches Potential austreibt, indem sie es mit Trivialität durchtränkt. Doch auch im Bereich großer Kunst trägt man der Exkorporation des Herzens Rechnung. Die Selbstreflexion beugt sich über das eigene Herz, als wäre es ein isoliertes Organ. In seinen „Marginalia" träumt E. A. Poe die Vivisektion der eigenen Seele: „My heart laid bare." Baudelaire greift diese Idee begierig auf und beginnt mit Aufzeichnungen zu einem Buch, das er „Mon cœur mis à nu" nennen wollte. Die Idee des objektivierten menschlichen Herzens, das wie ein wissenschaftliches Präparat nackt vor Augen liegt. Eine Schlüsselgeste des bürgerlichen Zeitalters, die wohl niemand so drastisch zur Darstellung brachte wie Achille Lemot in seiner Flaubert-Karikatur in „La Parodie" am 5. Dezember 1869. Sie zeigt Flaubert als Chirurg am Seziertisch, wie er gerade das Herz der toten Emma Bovary mit der Schreibfeder aufspießt, um es unter der Lupe genauer betrachten zu können. Imaginiert man diese Szene zu Ende, so läßt sich mit einigem Recht vermuten, daß Emmas Herz nach erfolgter Begutachtung seinen Platz im Glasbehälter inmitten anderer Präparate finden wird.

*

Im kardiophilen Denken des Abendlandes gilt das Herz als Zentralorgan des Seelischen, es markiert den Ort der innersten Innerlichkeit des Menschen. Pascal besteht mit Nachdruck auf der Feststellung, daß allein die raison du cœur den Einzelnen ins rechte Weltverhältnis zu setzen vermag. Insofern gehört ein Herztausch zu den unerhörten Ereignissen. Die freiwillige Hergabe des eigenen Herzens rechtfertigt sich nur durch außergewöhnliche Umstände. Auf ein solch exponiertes Geschehen bezieht sich das Tauschgeschäft zwischen Peter und Holländer-Michel. Es wiederholt den ekstatischen Moment, in dem Katharina von Siena das Herz des Erlösers empfängt. Raimund von Capua unternimmt in seiner „Vita di Santa Caterina da Siena" das Wagnis, diesen Augenblick festzuhalten: „Der Herr neigt sich zu ihr herab, öffnete abermals die linke Seite ihrer Brust und bettete behutsam das Herz, das er in Händen hielt, hinein. Er nahm dabei das Wort und sagte zu ihr: ‚Schau, meine liebe teure Tochter, ich habe dir dein Herz genommen, um dir dafür meins zu geben. So wird es dir zu einem dauernden Leben schlagen.'" Auch Holländer-Michel tritt auf als Erlöser, doch er ist der Versucher, der wie Satan die *Freuden der Welt* verheißt. Er fingiert die imitatio Christi, doch die unio mystica des Herztausches erfolgt nun im Geiste des Kapitals, des neuen Gottes.

✻

Ein *Herz von Marmelstein* ersetzt das warme lebendige Herz. Die frühe Vorahnung einer Prothesenkultur. Der ursprüngliche Sinn der Prothese lag im Bemühen, für die durch Krieg und bei Unfällen verlorenen Gliedmaßen so gut es ging Ersatz zu schaffen. Die eiserne Hand des Götz von Berlichingen kann als eines der ersten bekannten und verbrieften Beispiele gelten. Im Jahre 1816 erhielt in England der Marquis von Anglesey ein künstliches Bein, das vielen späteren Prothesen zum technischen Vorbild diente. Mit Melvilles Kapitän Ahab findet das Thema Eingang in die Literatur des 19. Jahrhunderts. Später offeriert Dürrenmatt ein makabres Beispiel der Allianz von Geld und Prothese. Seine „Alte Dame", die Milliardärin Claire Zachanassian, muß nach mehreren Unfällen einen Großteil ihrer Gliedmaßen durch teure Elfenbeinkonstruktionen ersetzen. Doch derlei Prothesen schufen nur Ersatz für Verstümmelungen und Verluste, die wohl alle Betroffenen gerne vermieden hätten. Peter Munk hingegen gibt sein Herz freiwillig hin, nur des Reichtums und der sozialen Anerkennung wegen. Ohne physische Not verzichtet er auf sein Organ und akzeptiert bereitwillig den künstlichen Ersatz. Von dem Herztausch selbst bemerkt Peter nichts. Holländer-Michel versenkt ihn in einen *tiefen Schlaf*. Vielleicht die Vorahnung der Narkose, die es seit 1846 den Chirurgen erlaubt, in den menschlichen Körper einzudringen, ohne ihm Schmerz zuzufügen. Auch die heutigen Schönheitsoperationen, mittlerweile ein weltweit florierendes Milliardengeschäft, verdanken sich zum großen Teil der Bereitschaft vieler Menschen, Teile ihres Leibes korrigieren oder sogar ersetzen zu lassen. Tausende von Silikonimplantaten wandern alljährlich ein in die menschlichen Körper. Nietzsches Idee von der Ästhetik am Leitfaden des Leibes gewinnt eine völlig neue Bedeutung. Die Motive derer, die mit freudiger Erwartung, ohne zwingende therapeutische Indikation, ihren Leib der Verletzung durchs Skalpell ausliefern, ähneln denen des Peter Munk. Es geht um den zur fixen Idee geronnenen Traum von gesellschaftlicher Anerkennung.

✢

Das kalte steinerne Herz bringt seinen Besitzern, unter ihnen auch Peter Munk, enorme Selektionsvorteile in der vom Holländer-Michel etablierten Welt rücksichtsloser Kapitalinteressen. Die Kritische Theorie Adornos macht aus der Frost-Metapher ein prägnantes Denkbild, das zum Ariadnefaden durchs Labyrinth der bürgerlichen Gesellschaft taugen soll. Adorno plante ein moralphilosophisches Werk mit dem Titel „Kälte". Eine gesellschafts- und ideologiekritische Analyse dessen, was man heute soziale Kälte nennt. Mit Blick auf dieses Vorhaben diagnostiziert Andreas Gruschka eine fatale Anpassungsleistung des modernen Subjekts an die Verdinglichungstendenzen der bürgerlichen Ökonomie: „Die Welt selbst ist kalt. Der ihr Ausgelieferte muß einen ihr gemäßen Aggregatzustand annehmen." Emotionale und seelische Kälte wird in einer Welt, der Herbert Marcuse ein Höchstmaß an „zynischer Sachlichkeit" attestiert, zur Schlüsselkompetenz, die gelingende Sozialisation verheißt. Nicht zuletzt besteht Peters neues Herz aus *Marmelstein*, jenem Werkstoff, aus dem die großen Bildhauer ihre unvergänglichen Marmorstatuen meißeln. Die Verhärtung des Seelischen taugt bevorzugt zum Material des Ästhetischen, das als Kompensation herhalten muß. Hauffs Parabel fällt in ein Jahrhundert, das der Welt so manchen realen wie literarischen Dandy bescherte. Eine Gestalt, die der von Moral abgekoppelten Indifferenz ästhetischen Glanz verleiht. Hildegard Gnügs Buch über den Dandy trägt den Titel „Kult der Kälte".

*

Mit seinem Loblied auf die Vorzüge des kalten Herzens eröffnet Holländer-Michel einen wirkungsmächtigen sozialtheoretischen Diskurs. Die Kaltherzigen haben Selektionsvorteile, wenn es darum geht, im Kältestrom der Moderne zu bestehen und sich erfolgreich durchzusetzen. Sie sind ihren Konkurrenten voraus beim survival of the fittest. Das kalte Herz, der kalte Blick, der kühle Kopf: wer cool und kaltblütig bleibt, der darf hoffen, sich auf der Seite der Sieger wiederzufinden. Für Nietzsche schützt der kalte Blick vor falschem Mitleid, er ist gefeit gegen die Illusion sozialer Wärme, gegen die „warmen Nebelwelten" der täuschenden Ideologien und

Ressentiments. Ein Auge, das sich der Wahrheit stellt, es späht „wie ein vereinsamter Nordpolfahrer" ins Leben hinaus und ist kraft scharfer Beobachtung fähig, das Lügnerisch-Scheinhafte von Welt und Gesellschaft zu durchschauen. Ohne ein Kaltstellen des Bewußtseins gibt es keine klare Erkenntnis. Philosophie, so Nietzsche, „ist das freiwillige Leben in Eis und Hochgebirge." Nach 1900 hat der Kult der Kälte Hochkonjunktur. Die Eiszeit gerät zum beliebten Thema in Wissenschaft und Literatur. Der Roman „Die lange Reise" des dänischen Schriftstellers Johannes Vilhelm Jensen, erschienen 1908–1922 und seinerzeit auch in Deutschland höchst erfolgreich, beschreibt das Werden der Zivilisation als einen kontinuierlichen Prozess der Adaption an eiszeitliche und glaziale Lebensräume. Der Weg der menschlichen Kultur erscheint wie ein Experiment in kollektiver Kältedressur. Auch die Künstler der Neuen Sachlichkeit hegen zu jener Zeit in ihren Bildern eine mehr oder weniger heimliche Sympathie fürs Unterkühlte. Sogar in die Gestaltung der alltäglichen Lebenswelt schleicht sich Kaltes ein. Die Bauhaus-Protagonisten setzen in den Zwanziger Jahren auf schnörkellose, nüchtern-strenge Materialien, die den Eindruck des Kalten, des Metallischen und Gläsernen hervorrufen. Helmut Lethen zitiert in seiner informativen Studie „Lob der Kälte" jenes heikle Statement, mit dem Le Corbusier die metallene Büroausstattung der City National Bank rechtfertigt: „Das ist kalt und brutal, aber es ist genau und ehrlich." Dem ließe sich unschwer Max Weber zur Seite stellen, der die kalte Rationalität der entzaubernden Moderne als wichtiges Movens menschlichen Fortschritts deutet. Es waren dann vor allem die Vertreter der Kritischen Theorie, die, nicht zuletzt unter dem Eindruck von Faschismus und totalitärer Kulturindustrie, den Begriff der Kälte wieder sozial erdeten und ihm eine strikt gesellschaftskritische Stoßrichtung verliehen. Dies vor allem in der Besorgnis, daß die auf Kälte getrimmten Individuen nur noch die Hohlform dessen wären, was Humanismus und Aufklärung einstmals mit dem emphatischen Begriff des Menschen gemeint haben. Die Kältedressur des modernen Subjekts dient der Selbsterhaltung, doch, so Max Horkheimer, „bald ist kein Selbst mehr da, das zu erhalten wäre".

✻

Dachte Thomas Mann, als er am „Doktor Faustus" schrieb, auch an Hauffs Märchen vom kalten Herzen? Zwei Teufelsbündner im Zeichen der Kälte. Peter Munk verschafft sich mit dem kalten Herzen ungeahnte Möglichkeiten hemmungsloser Kapitalanhäufung. Adrian Leverkühn steigert sein Künstlertum in bislang ungekannte Regionen schöpferischer Genialität und eröffnet seiner Musiksprache ganz neue Ausdrucksbezirke. Doch beide Teufelsbündner erkaufen sich die Vorteile um den Preis der Unmenschlichkeit. Deren Zentralmetapher ist die Kälte. Das kalte Herz aus Stein macht hartherzig und unempfindlich gegenüber dem Leid und der Not anderer Menschen. Peter gehört zu den steinreichen Kunden des Holländer-Michel, von denen man sagt, sie alle besäßen *unmenschlich viel Geld*, ihre hervorstechenden Charakterzüge seien *Gefühllosigkeit* und *unmenschlicher Geiz*. Von Leverkühn heißt es schon im ersten Kapitel: „Um ihn war Kälte". Ein vorerst noch diskreter Hinweis, den dann Teufelsgespräch und Teufelspakt zum Kernthema ausweiten, das sich untrennbar mit Adrians gesteigertem Künstlertum verbindet. Nicht nur im Frostklima, das der ungebetene diabolische Gast sogleich in der Studierstube verbreitet, sondern vor allem in den Kautelen des Teufelspaktes. „Gesamterkältung deines Lebens und deines Verhältnisses zu den Menschen": so lautet die „Klausel", die Bedingung, unter der allein schöpferische Genialiät gewährt wird. Indifferenz gegenüber allem Persönlich-Menschlichen, dies der Preis für die Gabe höchster Genialität, für die einzigartige „Illumination" künstlerischer Einbildungskraft. „Liebe ist dir verboten, insofern sie wärmt." Wie zur Bekräftigung verabschiedet sich der teuflische Inspirator mit einer „gletscherhaft verstärkten Welle von Frost." Hier das kalte Herz des Geldmenschen, dort die „Lebenskälte" einer gesteigerten künstlerischen Existenz. Ihr tertium comparationis ist das Totalitäre. Peters Selbstpreisgabe ans Geld bedeutet nicht zuletzt Unterwerfung unter die Abstraktheit eines Mediums, in der alles Individuelle gleich gültig wird, mithin unpersönlich. Leverkühn erfindet eine der Zwölftontechnik nahestehende Kompositionsform, die er mit dem bezeichnenden Wort „strenger Satz" belegt. Ihm geht es um die „rationale Durchorganisation" des musikalischen Materials, um „außerordentliche Geschlossenheit und Stimmigkeit", in der „die Grenze zwischen Mensch und Ding verrückt erscheint." All dies im Interesse der „künstlerischen Einheitlichkeit", mag auch „etwas Beklemmendes, Gefährliches, Bösartiges" damit verbunden sein. In einer solchen musikalischen Faktur läßt sich „jeder musikalische Zusammenhang rechtfertigen", wenn er sich „vor dem System legitimieren kann." Eine schlüssige und kompakte Semantik des Totalitären, gekleidet ins ästhetische Konzept. Es geht um die Liquidation des Individuellen, um die Unterwerfung des Einzelnen unter die rigiden Ordnungsansprüche des Ganzen. Leverkühns „strenger Satz" enthüllt sich als symbolische Abbreviatur totaler Herrschaft. Die geniale „Gesamterkältung" schlägt die Brücke zum zweiten großen Thema des „Faustus"-Romans, zum deutschen Faschismus und seiner grauenhaften Unmenschlichkeit.

⁕

Die moderne bürgerliche Gesellschaft ist nicht zuletzt das Resultat eines evolutionären Prozesses, der das Phänomen der Arbeitsteilung als prägendes soziales Strukturmerkmal herausbildete. Von Adam Smith über Karl Marx und Georg Simmel bis hin zu Niklas Luhmann hat man die hohe Selektivität und Leistungskraft dieses „Prinzips der Besonderung" (Hegel) immer wieder theoretisch dargelegt. Funktionale Differenzierung, das Entstehen hochspezialisierter gesellschaftlicher Subsysteme, bescherte der okzidentalen Welt jene technologische Effizienz, die heute dabei ist, wenn auch noch gegen regionale, kulturelle und religiöse Widerstände, sich in globalem Maßstab durchzusetzen und die Erde nach ihrem Bilde zu formen. Die Gesellschaft hat sich ausdifferenziert in hochspezialisierte Funktionsbereiche: Recht, Wirtschaft, Erziehung, Gesundheitswesen, Militär, Wissenschaft, Kunst u. a. m. Hauffs Märchen liefert eine aparte Variante solcher Ausdifferenzierung: die Trennung von Ökonomie und Gefühl, von Geld und Herz. Das Kapital entäußert sich im Interesse der eigenen Kapazitätssteigerung jeglicher Emotion und Empathie. Warmherzigkeit behindert den Höhenflug der Aktienkurse und beeinträchtigt die Gewinnerwartung. Wer heutzutage sich zur herzlosen Aktion einer Massenentlassung entschließt, der stößt bei manchen Anlegern auf Beifall. So bleibt nichts anderes übrig, als das Herz, wie schon die Sammlung des Holländer-Michel zeigt, ins Depot auszulagern. Doch die bürgerliche Gesellschaft ist durchaus bereit, auch dem abgespaltenen Herzen ein eigenes Betätigungsfeld, eine Art Reservat einzuräumen. Parallel zur kalten Ökonomie entsteht eine herzergreifende Gemütskultur. Trivialromane, Opern-Melodramen, Telenovelas, Kino der Gefühle: allenthalben finden die Herzen reichlich Gelegenheit, ins Meer der Leidenschaften einzutauchen. Unbewußt, höchste Lust. Holländer-Michel würde all dem seinen Beifall nicht versagen. Mit der Pseudokultur seelischer Exaltationen läßt sich heutzutage eine Menge Geld verdienen. Heart sells.

*

Der Kapitalismus betreibt rückhaltlos die Trennung von Geld und Gemüt. Mit naiver Ehrlichkeit brachte am 8. Juni 1847 im Preußischen Vereinigten Landtag der Abgeordnete David Hansemann dieses eherne Faktum auf die mittlerweile sprichwörtliche Formel: „In Geldsachen hört die Gemütlichkeit auf." Ein Jahr später wird Karl Marx kritisch festhalten, die Bourgeoisie habe die persönliche Würde in den Tauschwert aufgelöst. Hauffs Märchen antizipiert mit erstaunlicher Hellsicht solche Diagnosen. Man ist geneigt, an dieser Stelle die bekannte Vorstellung vom Künstler als dem Seismographen der Epoche zu bemühen. Der Herztausch versinnbildlicht die Entkoppelung von Ökonomie und menschlichem Empfinden. Das Geldprinzip entledigt sich der Rücksichtnahme auf die Imperative des Humanen, auf eine Vernunft des Herzens, die dem Kapital noch menschliche Ziele vorgeben könnte. All dieser Hemmnisse los und ledig, verlieren die Zöglinge des Holländer-Michel jegliches Mitgefühl. Sie verfügen über *unmenschlich viel Geld*, dem entspricht *ihr unmenschlicher Geiz, ihre Gefühllosigkeit*. Das Unmenschliche, so Paul Valéry, hat eine große Zukunft. Balzac entwirft, orientiert am realen Vorbild Rothschild, die Romanfigur des Bankiers Nucingen. Er gibt ihr prägnantes Profil mit dem Hinweis, in der Brust trage dieser Superreiche statt des Herzens einen Geldschrank. Doch Hauffs Modell argumentiert mit noch größerer historischer Präzision. Das Herz fällt nicht der Vernichtung anheim, vielmehr führt es, abgetrennt von der entfesselten ökonomischen Sphäre, ein reduziertes Eigenleben im gesellschaftsfernen gläsernen Intérieur. Der entlegene Aufbewahrungsplatz im Regal des Holländer-Michel denunziert alle bürgerlichen Träume von weltferner Innerlichkeit als Symptom verstümmelter Humanität. Einige Jahrzehnte später verweist Thomas de Quincey auf eine andere Errungenschaft der Moderne, auf die neuen Tempoerfolge der Eisenbahn. In seiner Schrift „The English Mail-Coach" nimmt der Autor wehmütig Abschied von der gemütlichen Postkutschenfahrt. Denn eine neue Art des Reisens setze sich durch, deren Geschwindigkeit den Wahrnehmungskräften der Individuen nicht mehr angemessen sei. Eisenrohr und Dampfkessel seien geeignet, so De Quincey, das menschliche Herz von den Organen der Fortbewegung zu isolieren. Das gleiche Denkbild wie bei Hauff. Die hocheffektive Dynamik der sozialen Evolution, wirksam auf dem Sektor der Ökonomie wie auf dem der Technik, hängt sich ab von den Gefühlskräften der Subjekte, sie wird herzlos. Es gilt sich zu erinnern: Holländer-Michel ist nicht nur der Dämon des Geldes, sondern auch der des neuen Tempos.

✳

Die kaltherzigen Klienten des Holländer-Michel haben *unmenschlich viel Geld*, ihr hervorstechendes Merkmal ist ein *unmenschlicher*

Geiz. Bei solcher Charakteristik geht es nicht nur um ein plastisches und griffiges Steigerungswort. Das Adjektiv *unmensch-lich* muß man wörtlich nehmen. Es bezeichnet das Ergebnis einer Entmenschlichung, bei der jegliches Mitgefühl auf der Strecke blieb. Die frühe Vorahnung einer Dehumanisierung, die dann Musil mit analytischer Klarheit zu Protokoll gibt: „Die Formel dieser Zeit des Kapitalismus, auf die es im Zusammenhang mit den Tatsachen ankommt, lautet: das Geld ist das Maß aller Dinge. Ihr negativer Ausdruck heißt: das menschliche Tun trägt kein Maß mehr in sich." Die kühl-präzise Diagnose erklärt den protagoräischen Homo-Mensura-Satz mitsamt seinen späteren moralisierenden Varianten für historisch erledigt. Das Kapital erlangt transzendentale Bedeutung, es wird zum Apriori der Weltaneignung. Damit verliert der kognitive wie moralische Kompaß menschlicher Daseinsorientierung seine erkenntnisleitende Kraft und seine Fähigkeit, menschliches Handeln noch auf humane Ziele auszurichten. Als neuer kategorischer Imperativ etabliert sich die Rationalität des Geldes. Im unmenschlichen Reichtum des Ezechiel und seiner wohlhabenden Kumpane wetterleuchtet eine neue Anthropologie, die Abschied nimmt vom Glauben, es gäbe so etwas wie ein historisch unveränderliches Wesen Mensch. Gottfried Benn: „Man sagt immer: ‚der Mensch‘ aber man vergißt seine Mutationen."

*

Nach dem *tiefen Schlaf* trägt Peters Erwachen Züge eines epochalen Neubeginns. Der ehemalige Köhler, nun ausgestattet mit Marmorherz und hunderttausend Gulden, bricht auf in eine neue Welt, nicht mehr zu Fuß, sondern per Postkutsche, dies in zuvor unbekanntem Tempo. Das fröhliche *Schmettern eines Posthorns* signalisiert eine Entgrenzungsgebärde, in der, wie schon zuvor beim Holländer-Michel, Geschwindigkeit und Kapital sich vereinen. Dabei entwirft der durchfahrene Raum das Bild der historischen Zeit. Der *in die weite Welt* Reisende *sah in blauer Ferne hinter sich den Schwarzwald liegen.* Rasch entfernt der Neureiche sich von der Sphäre seines Herkommens, von der Mutter, von *der stillen Heimat* und *den Wäldern, wo er so lange gelebt.* Peters Fort-Bewegung bildet den Zeitpfeil der Zivilisation ab. Sie entfernt sich von bodenständigen Lebensformen, von bäuerlich-vormodernen Verhältnissen, von einer Sphäre, die der Schwarzwald-Denker Martin Heidegger mit dem Wort Gegnet umschreibt. Die Reise führt in die neue Zeit der bürgerlichen Gesellschaft, *in die Handlungshäuser in allen großen Städten.* Selbst die Mode signalisiert den neuen Menschentyp: *Anfänglich wollte er gar nicht glauben, daß er es selbst sei, der in diesem Wagen sitze. Denn auch seine Kleider waren gar nicht mehr dieselben, die er gestern getragen.* Peters Fahrt vollzieht den Aufbruch in die bürgerliche Gesellschaft. Balzac spricht im Roman „Le Père Goriot" vom Wagen der Zivilisation, der unaufhaltsam seine Bahn fortsetze. Nur hie und da werfe sich ihm, so der Autor, ein fühlendes Herz in den Weg, das dann von den Rädern zermalmt werde. Das lebendige warme Herz kann das Fortschreiten des Fortschritts nicht verhindern. Ein neuer Passagier muß her, der kaltherzige homo oeconomicus. Auf fatale Weise erfüllt sich in der Gabe des Holländer-Michel das biblische Prophetenwort: „Machet euch ein neues Herz und einen neuen Geist." Besagter Prophet trägt, wie auch Peters reicher Spielpartner, den Namen Ezechiel.

*

Nach dem Herztausch stattet Holländer-Michel seinen neugewonnenen Partner mit einem *schönen Wagen* aus, zudem mit viel Geld und mit Kleidungsstücken, wie Peter *sie nur wünschen konnte*. Doch ein kleiner, fast nebensächlich wirkender Hinweis entlarvt die diabolische Qualität dieser generösen Zuwendungen. Die Kutsche, begleitet vom *fröhlichen* Klang des Posthorns, *fuhr auf einer breiten Straße dahin*. Eine diskrete Reminiszenz an das Jesus-Wort vom breiten Weg, der zur Verdammnis führt (Matth.7,13). Kapital und Luxus als Verlockungen auf der Bahn zur Hölle. Adorno wird später in den „Minima Moralia", mit Blick auf verwaltete Welt und Kulturindustrie, von der irdischen Hölle des Kapitalismus sprechen. Die flotte Musik, der tolle Wagen, das neue Outfit, die reichlichen Barmittel: man spürt die Vorahnung einer kaltherzigen Konsumgesellschaft, die sich in ihren Statussymbolen ästhetisch inszeniert und feiert.

*

Kein Musikinstrument rührt so sehr an die romantische Seele wie das Posthorn. Stets bemüht man seinen Klang, wo es gilt, die unbestimmte Sehnsucht ins Weite und Offene unendlicher Landschaften zu wecken. Wie ein magischer Sog zieht in Eichendorffs Gedicht „Sehnsucht" das „Posthorn im weiten Land" den am Fenster Lauschenden aus der Enge seiner Behausung hinaus in phantastische Fernen: „Das Herz mir im Leib entbrennte; / Da hab ich mir heimlich gedacht: / Ach, wer da mitreisen könnte / In der prächtigen Sommernacht." Das Echo der Romantik hallt nach, als Peter Munk, das Steinherz in der Brust, *beim fröhlichen Schmettern eines Posthorns* erwacht und in einer schönen Kutsche *in die weite Welt* hinausfährt. Doch dem Zögling des Holländer-Michel entbrennt kein Herz mehr im Leibe, kein Begehren, das sich in die Ferne träumt. Die fröhlichen Hornklänge begleiten die Fahrt einer Kutsche, die mit ihren hunderttausend Gulden an Bord eher einem rollenden Geldschrank gleicht. Der Klang des Posthorns wird zum Aufbruchssignal einer Lebensreise, die sich dem Kapital verschreibt und sich aller Empfindungsfähigkeit entäußert. Die romantische Weltfahrt verkümmert zum langweiligen Tourismusprogramm. Und dennoch kann das Posthorn auch im Zeitalter des Kapitals weiterhin seine Funktion als Schlüsselreiz der Sehnsucht wahrnehmen. Peter verfolgt das Ziel, *reich und immer reicher zu werden.* Auch das Geld, die übermächtige Wunschmaschine, lenkt die Phantasie in imaginäre Zonen des Begehrens. Wie die unerreichbare blaue Blume der Romantik weckt auch das Kapital Sehnsüchte, die nicht an ihr Ziel gelangen. Man kann nie genug Geld haben. Wenn Novalis sagt, die Menschen seien immer auf der Suche nach dem Unbedingten und fänden doch immer nur Bedingtes, so gilt dies auch für die psychodynamischen Wirkungen des Geldes. Es stimuliert ein Begehren, das immer mehr will und sich doch stets mit Knappheit, mit begrenzten Mitteln konfrontiert sieht. Johann Nestroy blieb es vorbehalten, den monetären Unendlichkeitsdrang in eines der witzigsten Bonmots seines Jahrhunderts zu kleiden: „Die Phönizier haben das Geld erfunden, aber warum so wenig?" Könnte es sein, daß hinter dem Sehnsuchtskult der Romantiker sich gesellschaftliche Erfahrungen verbergen, die es ohne die allmächtige Wunschmaschine des Kapitals gar nicht gäbe.

*

Die vom Holländer-Michel für Peter bereitgestellte Geldsumme beträgt *viele tausend Taler in Gold und Scheinen auf Handlungshäuser in allen großen Städten.* Das Miteinander von Gold und Banknote, von kostbarem Edelmetall und Geldzertifikat, umreißt in knappster Form die Geschichte des Geldes als Entwicklung vom Konkreten zum Abstrakten, vom verführerischen Glanz des Goldes hin zu Papiergeld, Aktie, Scheck und Kreditkarte. Einige der großen Dichtungen des Abendlandes bringen diese Evolution in nahezu mythischen Bildern und denkwürdigen Begebenheiten zur Darstellung. Den Anfang machen die „Aulularia" des Plautus mit ihrem turbulenten Komödienspiel um den vom Geizhals Euclio ängstlich gehüteten Goldtopf. Molières „L'Avare" wäre ohne dieses wirkungsmächtige Vorbild undenkbar. Die Stunde des Papiergeldes schlägt in einer komisch-grotesken Szene des „Faust II". Mephisto erfindet die neuen „Zauberblätter" und entfacht, gut keynesianisch, im bankrotten Kaiserreich ein kurzes konjunkturelles Strohfeuer. Nur wenige Jahrzehnte später macht Zolas Roman „L'Argent" die Börsenspekulation literarisch hoffähig: ein gespenstisches Roulette mit imaginären und unsichtbaren Millionen. Auch das 20. Jahrhundert kann mit einem nachgerade paradigmatischen Text aufwarten, mit Dürrenmatts Tragikomödie „Der Besuch der Alten Dame". Das Städtchen Güllen, stellvertretend für die kapitalistische Gesellschaft, erliegt der Magie des Milliarden-Schecks und begeht für diese Summe den von der Milliardärin als Gegenleistung verlangten Mord: „Konjunktur für eine Leiche". Heutzutage eröffnet der elektronische Geldverkehr ganz neue Möglichkeiten. Das Zirkulieren gewaltiger Kapitalmengen wird zum unsichtbaren globalen Ereignis.

*

Durch den Herztausch reich geworden, fährt Peter *in die weite Welt* hinaus. Der Aufbruch beginnt mit dem prägnantesten Motiv, das die Romantik zum Thema Weltfahrt beisteuern kann, mit dem *fröhlichen Schmettern eines Posthorns.* Die Jünglinge von Tieck, Novalis und Eichendorff (Franz Sternbald, Heinrich von Ofterdingen, der Taugenichts) verlassen die zu eng gewordene Sphäre von Elternhaus und Heimat, sie treten bang und hoffnungsfroh hinaus ins Offene einer noch rätselhaften zukünftigen Welt. Sie brechen auf, ohne zu fragen, wie und wo die Fahrt zu Ende geht. Alle sind sie getrieben von unbezähmbarer Sehnsucht nach den verlockenden Fernen hinter den Bergen, nach den unbekannten Ländern hinter den Wäldern. Auch Peter sieht *in blauer Ferne hinter sich den Schwarzwald liegen*, doch sein Aufbruch ist ein fremdgesteuerter, er entspringt nicht eigenem Wollen und Sehnen. Der dämonische Holländer-Michel hat den Schlafenden mit dem Marmorherzen einfach in die Postkutsche gesetzt und auf Reisen geschickt. Eine gute Gelegenheit zur Bildungsreise, doch das Muster dieser Suchbewegung wird nur angedeutet, um es dann nachhaltig zu demontieren. Nicht die leiseste Spur von Wilhelm Meisters Erfahrungshunger findet sich bei Peter. Wo Goethes lernbegieriger Held die Maxime seines Autors umzusetzen sucht, daß jeder Gegenstand, so man ihn nur recht betrachte, ein neues Organ in uns aufschließe, dort herrscht bei Peter die pure Indifferenz. Zwar bekundet dieser Reiche ein gewisses touristisches Interesse, er *lief in der Stadt umher und ließ sich die schönsten Merkwürdigkeiten zeigen*. Aber auch dies geschieht außengeleitet, es bleibt beim unverbindlichen und flüchtigen Sightseeing.

*

Aber es freute ihn nichts, kein Bild, kein Haus, keine Musik, kein Tanz; sein Herz von Stein nahm an nichts Anteil, und seine Augen, seine Ohren waren abgestumpft für alles Schöne. Peter rückt in die illustre Reihe jener Heroen der Indifferenz, welche die europäische Literatur des 19. Jahrhunderts in so faszinierenden Gestalten wie Jean Pauls Roquairol, Byrons Manfred, Stendhals Julien Sorel oder Flauberts Frédéric Moreau präsentiert. Steinernes Herz und ennui gehen Hand in Hand. Peters Welterfahrung, so man hier überhaupt noch von Erfahrung sprechen kann, führt in jene Langeweile, die Kierkegaard als moderne condition humaine ausmacht. Hauff kommt das Verdienst zu, als einer der ersten diese Teilnahmslosigkeit mit dem Geldprinzip kausal verknüpft zu haben. Das Geld ist ein Gleichmacher, der alle Qualität in bloße Quantität verwandelt. Es zwingt der Wahrnehmung und der Einbildungskraft die kalte Abstraktion einer Wertform auf, die Individuelles austilgt. Wo alles gleich gültig ist, dort regiert Gleichgültigkeit. In der Langeweile der Reichen, einem häufigen Motiv der bürgerlichen Literatur, verzahnen sich Ökonomie und Menschenkunde. Den komischen Kommentar liefert Nestroys Lustspiel „Der Zerrissene", dessen Held, ein Herr von Lips, vom Personenverzeichnis unzweideutig als „Kapitalist" namhaft gemacht wird. Diesen Millionär plagt die Langeweile, jene „horrible Göttin, die gerade die Reichen zu ihrem Priestertum verdammt". Auch dieser Geldmagnat unterliegt, wie zuvor schon Peter nach dem Herztausch, der Atrophie des Gefühls. Nestroys Dramenheld vermag die Welt nur noch in ihrer „unerträglichen Stereotypigkcit" wahrzunehmen. Doch er findet am Ende eines turbulenten Komödienspiels noch sein Liebesglück, das ihn aller Langeweile enthebt. Peters Reise hingegen führt geradewegs in die Regression, in einen Zustand nur noch körperlichen Dahinvegetierens: *Nichts war ihm mehr geblieben als die Freude an Essen und Trinken und der Schlaf, und so lebte er, indem er ohne Zweck durch die Welt reiste, zu seiner Unterhaltung speiste und aus Langerweile schlief.*

＊

Mit dem frisch implantierten Steinherzen in der Brust fährt Peter Munk *in die weite Welt* hinaus, sprich in die bürgerliche Moderne. Der Schwarzwald, die ländlich-dörfliche Heimat, liegt bereits hinter ihm *in blauer Ferne*. Sein Reisegefährt, die vom Holländer-Michel bereitgestellte Postkutsche, gibt dieser Zeitfahrt symbolische Akzente. Als einer der Ersten war der alte Goethe in der Lage, Kapital und Geschwindigkeit ineinander zu denken. Beim Blick auf „Eisenbahnen" und „Schnellposten" gelangt er zur Erkenntnis: „Reichtum und Schnelligkeit ist, was die Welt bewundert und wonach jeder strebt." Auch die rasche Geldzirkulation gilt ihm als Indiz gesellschaftlicher Beschleunigungsprozesse, für die er eine beziehungsreiche Wortschöpfung bereithält: „alles veloziferisch." Er deutet die diabolisch anmutende Geschwindigkeit als Signatur der Gegenwart. Mit Goethes Neologismus kommt die Postkutsche ins Spiel. Im Französischen bedeutete das Wort vélocifère seinerzeit soviel wie Eilpost und Eilkutsche. Die von Goethe fast instinktiv erspürte geheime Allianz von Tempo und Geld gewinnt in Peter Munks Reisegefährt nachgerade allegorische Prägnanz. Immerhin wurde sie von Holländer-Michel spendiert, vom Mann des Geldes und des neuen Tempos. Die Kutsche, die den kaltherzigen Köhlerjungen aus der angestammten Welt fortträgt, sie ist angefüllt mit *Gold und Scheinen, auf Handlungshäuser in allen großen Städten*. Peters Fahrt synchronisiert sich mit der raumverzehrenden Zirkulation des Kapitals.

✻

Peter fährt *zwei Jahre in der Welt umher*, doch für diese Reise benötigt die Erzählung nur knapp eine Seite. Daß es auch anders geht, demonstriert der „Ulysses" von James Joyce, der auf fast tausend Seiten das Geschehen eines einzigen Tages beschreibt mittels seines berühmten stream of consciousness, der die intrapsychischen Erlebnisse des Helden Leopold Bloom ins Extreme ausdehnt. Peters Reise steht im Zeichen innerer und äußerer Verödung. Sie wirkt wie die Vorwegnahme eines der spektakulärsten Reiseberichte des französischen Romans, jener Passage aus Flauberts „L'Éducation sentimentale", in welcher der Held Frédéric Moreau, angeödet und gelangweilt vom Leben in Paris, sich auf Weltreise begibt: „Il voyagea. Il connut la mélancolie des paquebots, les froids réveils sous la tente, l'étourdissement des paysages et des ruines, l'amertume des sympathies interrompues. Il revint." Die Beschreibung der Welt, komprimiert und ausgedünnt auf zwei Zeilen. Der Reisende ist mit seinem kalten Gemüt nicht mehr in der Lage, die Wirklichkeit im wörtlichen Sinne zu erfahren. Gleiches gilt für Peter, und so mag man durchaus seine Reiseroute ernst nehmen. Er kehrt über Straßburg in seine Heimat zurück, aus Frankreich, wo die bürgerliche Klasse sich gerade anschickt, die Gesellschaft grundlegend nach den Imperativen von Ökonomie und technischer Effizienz umzugestalten. Hauff selbst hatte sich gegen Ende seines kurzen Lebens

in Paris aufgehalten, und so verschmilzt in Peters Heimkehr Auto-
biographisches mit der ästhetischen Sensibilität für entscheidende
Tendenzen der Zeit. Blickt man aus heutiger Perspektive ins 19.
Jahrhundert zurück, so erscheint Paris wahrhaft als das Laboratori-
um der Moderne, als Hauptstadt der zivilsierten Welt, wie Alexandre Dumas d. Ä. und mit ihm viele andere die französische Metropole stolz nannten. Peter tritt in Kontakt mit einer sozialen Sphäre,
für die er mit seinem kalten steinernen Herzen die allerbesten Vor-
aussetzungen mitbringt. Insofern findet er nicht heim als verlorener Sohn, sondern eher als Vertreter und Agent einer Moderne, die
Egoismus, Teilnahmslosigkeit und emotionale Kälte als vorteilhafte
Überlebensstrategien im Dschungel der bürgerlichen Welt entdeckt
hat.

✻

Das Gegenbild zur weltlosen Weltfahrt des Peter Munk entwirft
Mörikes Novelle „Mozart auf der Reise nach Prag". In des Wortes
ursprünglicher Bedeutung erfährt der berühmte Komponist hier
die Welt. Mit allen Sinnen, gesteigert noch durch die mimetische
Sensibilität seines einzigartigen Künstlertums, erlebt Mozart jene
Facetten des Daseins, die das Leben des Menschen erst zu einem
wahrhaft menschlichen machen. Zunächst die Rast im Walde. Sie
gibt Gelegenheit zum Anschauen der Natur in ihrer Schönheit und
„Herrlichkeit". Dann der berühmte Obstfrevel im gräflichen
Schloßpark, das unbewußt-träumerische Pflücken einer Orange,
deren Duft unversehens die Vergangenheit beschwört, ein Kind-
heitserlebnis aus Italien, das wie eine mémoire involontaire sich mit
sinnlicher Kraft vors geistige Auge stellt. Zur Fühlung mit Natur

und Vergangenheit gesellt sich schließlich das glückliche Bild des rechten sozialen Miteinanders. Man heißt Mozart im Kreise der adligen Musikliebhaber willkommen. Der Aufenthalt steigert sich zur Utopie der versöhnten Gesellschaft. Die Fremde wird zur Nähe. Dem reisenden Komponisten öffnen sich die drei entscheidenden Daseinsbereiche, ohne die es keine sinnvolle persönliche Identität, keine Humanität und auch keine gelingende Kultur gäbe: Natur, Vergangenheit und soziales Miteinander. Eben diese Trias kommt dem kaltherzigen Peter Munk auf seiner Weltfahrt abhanden. Er entfernt sich von den heimatlichen Wäldern, er verläßt und vergißt die Sphäre seines Herkommens. Keine Wehmut überkommt ihn, wenn er an die Mutter denkt, *die jetzt wohl hülflos und im Elend saß*. Und auch die Begegnung mit anderen Menschen führt nicht zu Sozialkontakten, die das Leben des Reisenden bereichern könnten. Selbst im Kreise heiterer Menschen verzieht er *nur aus Höflichkeit den Mund, aber sein Herz – lächelte nicht mit*. Wo in Mörikes Mozart-Novelle Gast und Gastgeber sich in Fröhlichkeit zusammenfinden und sich wechselseitig Freude spenden, dort verharrt Peter Munk in gesellschaftlicher Isolation, die nur *Öde, Überdruß* und *freudenloses Leben* mit sich bringt. Wenn Mozart dann am nächsten Morgen stolz mit einer eigenen Kutsche weiterfährt, dem Geschenk des gräflichen Hausherren, dann hat er diese Großzügigkeit wahrhaft verdient. Mit allem Recht genießt er die Frucht eines kostbaren Augenblicks, in welchem er die Gesellschaft und die Gesellschaft ihn glücklich machte. Die vom Holländer-Michel bereitgestellte Kutsche des Peter Munk ist nur das Ergebnis eines üblen Pakts. Sie zeugt von der Selbstpreisgabe an die destruktive Macht des Geldes.

*

Nach dem Herztausch fährt Peter *in die weite Welt*, fort von der *stillen Heimat*. Schon bald sieht er *in blauer Ferne hinter sich den Schwarzwald liegen*. Der Auszug wird musikalisch akzentuiert vom *fröhlichen Schmettern eines Posthorns*. In Gustav Mahlers Dritter Symphonie signalisiert das Posthorn keine Aufbruchsstimmung mehr. Es ist nurmehr ein Medium wehmütigen Eingedenkens. Seine nostalgische Melodie mutet an wie die Erinnerung an ein entschwundenes Glück, an eine heimatliche Geborgenheit, die der Gegenwart verloren ging. Sie erklingt, so die Anweisung des Komponisten, „wie aus weiter Ferne", ein wehmütiger Rückblick, der festzuhalten sucht, was sich nicht mehr festhalten läßt. Daher sind die nostalgischen Einsprengsel auch nur von kurzer Dauer. Schon bald werden sie hinweggeweht vom Sturmwind sich überschlagender Glissandi. Peter Munk freilich findet zurück in die Heimat. Doch der Schein trügt. Nichts wird mehr sein, wie es einmal war. Der zu Reichtum gelangte Köhlerjunge, im Bann des Holländer-Michel, beginnt mit der rücksichtslosen Ausbeutung des heimatlichen Schwarzwaldes. Daran vermag auch der idyllische Schluß nichts zu ändern, der nur ein privates Ausnahmeglück im Winkel anbietet, das keinerlei Allgemeingültigkeit beanspruchen darf. Vielleicht ist der *in blauer Ferne* verschwimmende Schwarzwald, den Peter zu Beginn seiner zweijährigen Reise gleichsam im Rückspiegel erschaut, bereits ein diskreter Hinweis. Eine Art sfumato, das die Heimat ins Unwiederbringliche verdämmern und entgleiten läßt.

*

Peter tauscht sein Herz gegen die irdischen Schätze, die ihm Holländer-Michel verschafft. Er gibt das Organ preis, das ihm menschliches Empfinden und auch die Fähigkeit zur Liebe ermöglicht. Einen ähnlichen Verrat begeht Alberich in Richard Wagners „Das Rheingold". Nur der, so berichten die Rheintöchter, vermag „zum Reif zu zwingen das Gold", wer „der Liebe Lust verjagt". Alberich ist zu diesem Verzicht bereit: „so verfluch ich die Liebe!" Er entscheidet er sich für die „maßlose Macht" und „reißt mit furchtbarer Gewalt das Gold aus dem Riffe". Einmal nach diesem Gesetz angetreten, wird er zum Despoten, der die Nibelungen zwingt, „den Hort zu häufen dem Herrn". Der kaltherzige Peter bringt es zum kapitalistischen Ausbeuter, zum Kornwucherer: *Der halbe Schwarzwald wurde ihm nach und nach schuldig; aber er lieh Geld nur auf zehen Prozent aus oder verkaufte Korn an die Armen, die nicht gleich zahlen konnten, um den dreifachen Wert.* Zwei Sündenfälle mit fatalen Folgen.

*

Die bürgerliche Gesellschaft ist der geeignete Nährboden für Monomanen. Das von ihr forcierte Prinzip der Arbeitsteilung fördert Spezialistentum. Leicht gerät ein Spezialist in die Gefahr, daß seine Tätigkeiten und Fertigkeiten zu heiklen Selbstläufern entarten und er selbst, mit den Worten Schillers, „zu einem Abdruck seines Geschäfts, seiner Wissenschaft" verkümmert. Niemand hat dies so beeindruckend zur Darstellung gebracht wie Balzac. Seine „Comédie humaine" wimmelt von Gestalten, die sich leidenschaftlich und hemmungslos einer bestimmten Sache verschreiben, selbst um den Preis des eigenen Untergangs. Cousin Pons sammelt besessen, wie übrigens auch sein Schöpfer, kostbare Antiquitäten und geht darüber zugrunde. Der Wissenschaftler Balthazar Claes, auf der Suche nach dem Absoluten, widmet sich ausschließlich und rückhaltlos der Herstellung künstlicher Diamanten. Er ruiniert dabei sich und seine Familie. Cousine Bette geistert durch den gleichnamigen Roman als eine Monomanin des Neides. Der Maler Frenhofer lebt nur noch der einen fixen Idee, das Ideal vollkommener Schönheit auf die Leinwand zu bannen. Der alte Grandet gewinnt in der Literatur des 19. Jahrhunderts mythische Kontur als ein vom Gelde Besessener, der noch auf dem Sterbebett, im Moment der letzten Ölung, sich gierig das goldene Kruzifix anzueignen sucht. Vor allem die Monomanen des Geldes treten früh auf den Plan. Molières Geizhals Harpagon ist bereit, das Glück seiner Familie zu zerstören, nur um seiner geliebten Geldkassette willen. Das „Wirtshaus im Spessart", Hauffs letzter Märchen-Almanach, entstanden noch vor Balzacs schonungslosen Autopsien des juste-milieu, zeugt von sensiblem Gespür für die monomanische Disposition der bürgerlichen Gesellschaft. In der „Sage vom Hirschgulden" oder der „Höhle von Steenfoll" präsentiert der schwäbische Autor höchst denkwürdige Beispiele einer Geldgier, die alle familiären und mitmenschlichen Rücksichten mißachtet. Doch noch kann man sich darauf verlassen, daß die Monomanen die gerechte Strafe ereilt. Die Ritter Wolf und Schalk halten am Ende nur noch einen wertlosen Hirschgulden in ihren Händen, nachdem sie zuvor alle Hebel in Bewegung gesetzt hatten, sich auf unrechte Weise das Erbe ihres Halbbruders anzueignen. Wilm Falk zieht es mit aller Macht in die Höhle von Steenfoll. Betört vom Lockruf des Goldes, verläßt er Familie und Freunde. Auf immer verschwindet er in der Tiefe des Meeres, in der er unermeßliche Reichtümer zu finden hofft. Wenn Peter Munk den Entschluß faßt, *reich und immer reicher zu werden*, ist er drauf und dran, sich einzureihen in die Schar der Monomanen des Geldes. Dies mit den zu erwartenden destruktiven Folgen für Familie und Mitmenschen. Nur die Gattung Märchen, die den guten Schluß erheischt, schützt ihn davor, das schlimme Schicksal so vieler Monomanen zu erleiden. Nicht zuletzt sorgt schon die Rahmenhandlung des Märchenalmanachs für den versöhnlichen Ausgang. Sie endet mit dem Glück des Goldschmieds Felix, der dem nur als Zahlungsmittel begehrten Edelmetall wieder zu ästhetischer Zwecklosigkeit verhilft. Er verwandelt das Gold in „ein schönes Geschmeide".

✻

Die Geldkomödien eines Plautus oder Molière scheuen sich noch, Geldgier als gesamtgesellschaftliches Phänomen dingfest zu machen. Sie zeigen nur einzelne Monomanen des Geldes, die mit ihrer Habsucht zu sozialen Störenfrieden entarten. Euclio, den Helden der plautinischen „Aulularia", treibt Tag und Nacht die Angst um, sein Goldtopf könnte entdeckt werden. Er gefährdet mit seinem Tick das mitmenschliche Funktionieren der eigenen Familie. In Molières „L'Avare" gewinnt solches Verhalten dämonische Züge, die stellenweise schon das Tragikomische streifen. Harpagons Liebe zu seiner Kassette entpuppt sich als sozialer Sprengstoff, der die Grundlagen des gesellschaftlichen Zusammenhalts zu unterminieren droht. Doch gerade dieser Antagonismus beschreibt noch eine Gesellschaft, die sich nicht als Ganzes mit dem Geld identifizieren will. Die vom Kapital in die Welt gebrachten Deformationen des Menschlichen müssen unbedingt die Verirrungen Einzelner bleiben, deviante Verhaltensweisen, gegen die man sich wehrt, um sie dann im glücklichen Komödienende zu beseitigen oder wenigstens zu neutralisieren. Der Euclio des Plautus entsagt am Ende seiner fixen Idee und findet zurück in den Kreis der Familie. Zu solch umfassender Versöhnung ist Molières Komödie angesichts der frühbürgerlichen Verhältnisse nicht mehr bereit. Doch immerhin entgeht die Familie der Zerrüttung, weil es ihr mittels Intrige gelingt, den Geizhals und Störenfried auszugrenzen und damit sozial unschädlich zu machen. Die weitere Entwicklung der bürgerlichen Gesellschaft machte es freilich immer schwieriger, die heikle Macht des Geldes ausschließlich an der Besessenheit weniger Einzelner festzumachen. Es ließ sich nicht mehr vermeiden, daß die gesamtgesellschaftliche Bedeutung des Kapitals mehr und mehr ins allgemeine Bewußtsein trat. Von dieser neuen Problemlage berichtet jener Moment, da Peter Munk der makabren Herz-Sammlung des Holländer-Michel ansichtig wird. Die Revue der Deponate kann nachgerade als Versuch eines sozialen Querschnitts gelten: *Da war das Herz des Amtmanns in F., das Herz des dicken Ezechiel, das Herz des Tanzbodenkönigs, das Herz des Oberförsters; da waren sechs Herzen von Kornwucherern, acht von Werbeoffizieren, drei von Geldmäklern – kurz, es war eine Sammlung der angesehensten Herzen der Umgebung von zwanzig Stunden.* Noch vor Goethes Papiergeldszene berichtet ein kleines Kunstmärchen, wie das Kapital zur Herrschaft gelangt, indem es Schlüsselstellen der gesellschaftlichen Macht besetzt. Man gewinnt Einblicke in die Mechanismen der Geldherrschaft. Die Klasse der Vermögenden und die staatliche Obrigkeit arbeiten Hand in Hand: *Mit dem Amtmann stand er jetzt in enger Freundschaft, und wenn einer Herrn Peter Munk nicht auf den Tag bezahlte, so ritt der Amtmann mit seinen Schergen hinaus, schätzte Haus und Hof, verkaufte flugs und trieb Vater, Mutter und Kind in den Wald.* All dies geschieht auf völlig legale Weise. Die bürgerlichen Gesetze, so Balzac, sind Netze, in denen die Kleinen hängen bleiben, die Großen aber durchschlüpfen. Marx wird später dem Staat vorhalten, er sei der Agent des Kapitals. Die makabre Pointe liefert dann Dürrenmatt mit seinem Stück „Frank der Fünfte. Oper einer Privatbank". Der Chef einer Gangsterbank will plötzlich ehrbare Geschäfte machen und scheitert kläglich, weil in einer durch und durch korrupten Gesellschaft auch das Geldwesen, will es erfolgreich agieren, nicht mehr den Imperativen der Ehrlichkeit gehorchen kann. Ein ausgeführter Exkurs zu Adornos vielzitiertem Diktum „Es gibt kein richtiges Leben im falschen."

✳

Wie kann es sein, daß der Kaltherzige so etwas wie emotionale Bewegung verspürt, als er bei der Rückkehr von seiner zweijährigen Reise *den dunkeln Wald seiner Heimat* erblickt und *sein Ohr die heimatlichen Klänge* vernimmt? Da *fühlte er schnell an sein Herz; denn sein Blut wallte stärker, und er glaubte, er müsse sich freuen und weinen zugleich.* All diese Regungen stellen sich ein trotz des steinernen Herzens. Als ob der Heimkehrende, ungeachtet aller Versteinerung, noch über ein unzerstörbares Refugium des Erinnerns verfügte. Ein Körpergedächtnis macht sich bemerkbar, das offensichtlich gefeit ist gegen Entfremdung und Gleichgültigkeit. Unausrottbare und unverlierbare menschliche Potentiale des Eingedenkens bleiben wirksam. In den Leib retten sich die Imagines von Heimat, Nähe und Glück. Sie finden dort Asyl und können auf einen günstigeren historischen Moment warten, der ihnen die

Chance gäbe, wieder im realen Leben Platz zu finden. Im Körper überwintert die Idee jenes besseren Lebens, von dem das Wort *Heimat* erzählt, das Peter bei seiner Rückkehr mehrfach durch den Sinn geht. Peters Erinnerung am Leitfaden des Leibes enthüllt sich als utopisches Bewußtsein. Darin liegt ein Moment von Hoffnung. Die kalte Abstraktion des Geldprinzips hätte erst dann vollständig gesiegt, wenn alles Seelische zur Sache würde. Doch sie trifft auf den Körper, ihren stärksten Widersacher, der das Leitbild eines anderen, besseren Zustandes aufbewahrt. Auf nahezu kryptische Weise hat Peters leibliches Eingedenken teil an den expressiven Strategien, mit denen in der Moderne das gefährdete Subjekt seinen memorialen Körper, den leidenden wie den euphorischen, zum Werkzeug und zum Organ des ästhetischen Widerstandes macht. Wo nach dem Herztausch sogar die Vernunft des Herzens keine Chance mehr hat, muß sich das Wissen ums richtige Leben in noch tiefere Bezirke des Physiologischen zurückziehen, in die raison du corps. Doch im Französischen bezeichnet das Wort corps auch den Leichnam.

✽

Mit dem Herztausch erfüllen sich für Peter Munk alle Geldwünsche. Dank Holländer-Michel verfügt der Kaltherzige über unbegrenzte Barmittel. Doch bleibt Peter unzufrieden, denn der Besitz des neuen Organs bringt nur *Öde* und *Langerweile*. Daher seine Bitte an Holländer-Michel, dieser möge ihm das Steinherz *ein wenig beweglicher machen*. Beweglichkeit meint hier noch Restbestände jenes lebendigen Rhythmus, der auch das Schlagen des Herzens bestimmt. Da Holländer-Michel, gemäß diabolischer Vereinbarung, das lebendige Herz im Diesseits nicht mehr zurückerstatten kann, muß er seinem Kunden eine neue und attraktive Form der Beweglichkeit anbieten, die wenigstens die Illusion lebendigen Wechselspiels erzeugt. Ein sehr probates Mittel steht ihm sogleich zur Verfügung, ein Medium, das Geist aus seinem Geiste ist. Peter sei nur müßig und gelangweilt, weil es ihm *an Arbeit gefehlt* habe, er könne ihm daher nur raten: *treibe dein Vermögen um.* Schon der hier eingeführte Arbeitsbegriff hat seine Tücken. Er meint nicht das tätige Sich-Abarbeiten an der Welt, vielmehr geht es um das Arbeiten des Geldes im Zuge seiner Selbstvermehrung durch Zins und Zinseszins. In der Selbstbewegung und Umtriebigkeit des Kapitals wird sich fortan Peters Wunsch nach größerer Beweglichkeit erfüllen. Er *nahm sich vor, reich und immer reicher zu werden.* Der Puls des Lebens wandert ein ins Medium Geld und kehrt dort wieder in der naturwüchsigen Dynamik einer sich selbst verstärkenden Kapitalvermehrung. Die Semantik des Kreislaufs trennt sich ab vom menschlichen Körper und schlägt sich auf die Seite der Geldzirkulation. Peters Wunsch nach größerer Beweglichkeit des Herzens erfüllt sich auf eine Weise, die bereits jene Flexibilität antizipiert, die man heutzutage den Menschen als Tribut an die deregulierte globale Ökonomie abverlangt. Der homo flexibilis tritt auf den Plan.

✳

Peter Munks Teufelspakt mit Holländer-Michel ähnelt dem Vertrag, den Goethes Faust mit Mephisto besiegelt. Beide Teufelsbündner setzen das eigene Seelenheil ein, um sich auf Erden ihre Wünsche erfüllen zu können. Doch alsbald treten beträchtliche

Unterschiede zutage. Faust geht es um das nimmermüde Tätigsein in der Welt, um das rastlose Streben nach dem erfüllten Augenblick. Daher kann er im Moment des Sterbens „den höchsten Augenblick" wenigstens als zukünftige und utopische Erfahrung genießen. Wie schuldhaft und unzulänglich Faust in beiden Teilen des Dramas auch planen und agieren mag, immer steht ihm die Idee des Kairos vor Augen, das Wunschbild eines glücklichen Moments, in dem die gelingende Tat zu sinnvoller Weltteilhabe führen könnte. Peters Unternehmungen hingegen mangelt es völlig an solchem Daseinsgefühl. Seine Weltfahrt verläuft inhaltsleer und langweilig. An nichts kann der Reisende Anteil nehmen. Was bleibt, sind *Öde, Überdruß, freudenloses Leben*. Peter zahlt den Preis für seine ausschließliche Orientierung am Geld. Bei Goethe erfindet Mephisto das Papiergeld, doch Faust bleibt stets in Distanz zum „Papiergespenst der Gulden". Für seine hochfliegenden Pläne zur Landgewinnung auf eingedeichtem Meeresboden wäre das Geld bestenfalls ein Mittel zum Zweck. Peter jedoch geht es nur ums Geld, er *nahm sich vor, reich und immer reicher zu werden*. Ein sinnvoller Endzweck der Kapitalanhäufung bleibt außer Betracht. Wer solchermaßen sich dem Selbstlauf des Geldprinzips verschreibt, kann nicht vermeiden, daß in sein Denken und Fühlen auch die entscheidende Eigenschaft des Geldes einwandert: die Fähigkeit, alles Sinnlich-Konkrete in die Abstraktion reiner Wertäquivalenz zu verwandeln. Peter Munks Gefühlskälte und seine Unmenschlichkeit bedeuten Kapitulation vor der Indifferenz des Geldes. Insofern verlaufen die Schicksalswege von Faust und Peter gegenläufig. Wo Goethes Protagonist sich strebend bemüht, wo er tätig die Welt zu ergreifen sucht, gerät Hauffs Märchenheld in jene unmenschliche

Distanz zu den Menschen und den Dingen, hinter der die fatalen Errungenschaften des Geldes lauern.

*

Zu Beginn hat Peter Munk in der Monotonie seines Köhlerdaseins *viel Zeit zum Nachdenken*. Er gibt sich Tagträumen hin, die freilich nichts mehr gemein haben mit den Sehnsuchtsphantasien jener romantischen Helden, die sich aus der Enge der Bürgerwelt hinausträumen in lockende Fernen oder in die südlichen Gefilde eines phantastischen Italiens. Peter träumt vom Aufstieg in die Kreise jener Menschen, die wie der dicke Ezechiel, der lange Schlurker und der Tanzboden-König *unmenschlich viel Geld* besitzen. Die Magie des Geldes verdrängt die romantischen Sehnsuchtsorte. Mit der diabolischen Hilfe des Holländer-Michel gehen Peters Karrierewünsche in Erfüllung. Er arriviert zu einem der reichsten Männer des Schwarzwaldes. Doch er zahlt dafür mit seinem Herzen. Nur dem Herzlosen und Hartherzigen, so die Botschaft, gelingt der soziale Aufstieg in die Klasse der Besitzenden und Reichen. Zwei Jahre später träumt ein berühmter französischer Romanheld den Traum vom sozialen Aufstieg: Julien Sorel, der Protagonist in Stendhals Roman „Le Rouge et le Noir". Auch hier gehen die Karrierewünsche in Erfüllung. Julien gelingt der Eintritt in die upper class der französischen Metropole. Wie Peter zahlt auch er seinen Preis. Eiskaltes Kalkül, Verstellung und emotionale Indifferenz bahnen den Weg in die höheren Kreise. Die seelische Verhärtung des Helden zeugt von erfolgreicher Mimikry an den inneren Zustand der bürgerlichen Gesellschaft. Dies erspürte kein Geringerer als Balzac mit seiner hellsichtigen und feinsinnigen Bemerkung,

Stendhals Roman habe das menschliche Herz zerquetscht. Das soziale Biotop, in das Julien hineingerät, erzwingt Anpassungsleistungen jenseits von Herzlichkeit und Herzensgüte. Doch im Jahre 1869 erscheint ein Roman, dessen Titel wieder etwas frohgemuter stimmt: Flauberts „L'Éducation sentimentale". Noch scheint nicht alles verloren, noch läßt sich hoffen, daß auch unter den Bedingungen der bürgerlich-kapitalistischen Gesellschaft eine Erziehung des Gefühls gelingen möge. Doch der Romantitel weckt derlei Erwartungen nur, um sie alsbald brutal zu enttäuschen. Nicht die verheißene „éducation sentimentale" wird dem Helden Frédéric Moreau zuteil, sondern eine „atrophie sentimentale", eine mit kalter Indifferenz geschilderte Abdressur von Emotionalität. Mehr und mehr verinnerlicht die Entwicklung des Helden die Gefühlskälte des gesellschaftlichen Umfeldes. Das beklemmende Schlußprotokoll liefert jene Passage, in der es von Frédéric heißt, er sei nun so sehr abgestumpft, daß er teilnahmslos dem Untergang des Menschengeschlechtes beiwohnen könnte, „sans un battement de cœur". Das steinerne Herz des Peter Munk kehrt wieder in realistischem Gewande. Noch einem Flaubert scheint die Metapher des erstarrten Herzens unverzichtbar, wenn es darum geht, das Verhaltensrepertoire zu bestimmen, welches ein Überleben in der Gesellschaft garantiert. Soziale Kälte braucht Herzen von Stein.

※

Nach der Rückkehr von seiner öden und langweiligen Weltfahrt läuft der Kapitalist Peter Munk zu großer Form auf. Er begnügt sich nicht mehr mit den bodenständigen Erwerbsmöglichkeiten des Glashandwerks und des Holzhandels. *Sein Hauptgeschäft war, mit*

Geld und Korn zu handeln. Kapitalrendite und Korn werden zu funktionsgleichen Quellen der Geldvermehrung. Der Kaltherzige vergeht sich am Grundnahrungsmittel Getreide, dem ureigenen, von der Natur gewährten Mittel zum Leben. Kybele-Kult, Demeter/Ceres-Mythos, nicht zuletzt die Anbetung der großen Kornähre in den Eleusischen Mysterien: stets geht es um die Ehrfurcht vor dem täglichen Brot, das noch als Hostie und Leib Christi den Gläubigen das Erlebnis der Eucharistie gewährt. Peters kapitalistischer Sündenfall erreicht im Beruf des Kornwucherers seinen Tiefpunkt. Ihn interessiert nicht das dringend benötigte Volksnahrungsmittel, sondern das knappe und begehrte Gut, das der Geldvermehrung zu dienen hat, einer Akkumulation des Kapitals, die sich jeder humanen Zielsetzung entschlägt, indem sie die Menschen nicht nährt, sondern ausbeutet. Der amerikanische Stummfilmregisseur David Wark Griffith führt im Jahre 1909 in seinem Biograph-Kurzfilm „A Corner in Wheat" solche Inhumanität drastisch vor Augen, wobei er zum guten Schluß dem kaltherzigen Kapitalisten eine symbolträchtige Höllenfahrt beschert. Der brutale Weizenspekulant, der zum Zweck der Profitmaximierung die Menschen dem Hunger preisgibt, er kommt aus dem Tritt und stürzt in seinen gut gefüllten Weizensilo, in dem er das Getreide zwecks Verknappung hortet. Erstickt und begraben von den Abermillionen Weizenkörnern, lernt er sein Spekulationsobjekt mit allen fünf Sinnen kennen, als eine ihm bislang unbekannte physische Macht, gegen deren tödliche Gewalt auch noch so viel Geld nichts ausrichten kann. Dieser Griffith-Film wurde 1912 im Deutschen Kaiserreich verboten.

✳

Das Miteinander von Geldbesitz und persönlicher Attraktivität durchzieht wie ein roter Faden Hauffs Märchen vom kalten Herzen. Schon als armer Köhlerjunge beneidet Peter die drei Reichen, Ezechiel, Schlurker und Tanzbodenkönig, *standen sie doch wegen ihres Geldes in Ansehen; denn wer konnte Taler wegwerfen, wie sie, als ob man das Geld von den Tannen schüttelte.* Als Peter dann sein Herz dem Holländer-Michel verkauft und selbst zu den reichsten Männern des Schwarzwaldes zählt, fällt auch auf ihn jener Zauberschein des Goldes, dem schon Shakespeares Timon von Athen eine sarkastische Huldigung angedeihen läßt: „Es macht den Aussatz lieblich, ehrt den Dieb / Und gibt ihm Rang, gebeugtes Knie und Einfluß / Im Rat der Senatoren; es führt / Der überjährigen Witwe Freier zu." Zuvor noch, *als er am Bettelstab war,* hatte man Peter aus dem Wirtshaus hinausgeworfen. Nun kehrt er als steinreicher Mann triumphal zurück: *und als er jetzt an einem Sonntagnachmittag seinen ersten Einzug dort hielt, schüttelten sie ihm die Hand, lobten sein Pferd, fragten nach seiner Reise, und als er wieder mit dem dicken Ezechiel um harte Taler spielte, stand er in Achtung so hoch als je.* Das liest sich wie die szenische Vorwegnahme jener bekannten Geldanalyse aus den „Ökonomisch-philosophischen Manuskripten", in welcher der junge Karl Marx erste Grundzüge seiner Kapitalismuskritik entwirft: „Was durch das Geld für mich ist, was ich zahlen, d. h., was das Geld kaufen kann, das bin ich, der Besitzer des Geldes selbst. So groß die Kraft des Geldes, so groß ist meine Kraft. Die Eigenschaften des Geldes sind meine – seines Besitzers – Eigenschaften und Wesenskräfte." Der Shakespeare-Kenner Marx läßt sich die Gelegenheit nicht entgehen, hier wörtlich die oben zitierte „Timon"-Passage anzufügen. Dort ist von der bejahrten Witwe die Rede, die durch ihr Geld wieder an erotischer Anziehungskraft gewinnt. Auf einen ähnlichen Mechanismus setzt Peter bei seinem Heiratswunsch: *Er wußte, daß im ganzen Schwarzwald jeder Vater ihm gerne seine Tochter geben werde.* In der Tat ebnet das Geld den Weg zur schönen Lisbeth, deren Vater, geblendet vom Reichtum des künftigen Schwiegersohns, sofort in die Heirat einwilligt, *denn er meinte, all seine Sorge und Armut werde nun ein Ende haben.* Zu Beginn noch war von der schlanken Gestalt und vom *stattlichen Gang* des Köhlerburschen die Rede. Doch derlei körperliche Vorzüge, die vielleicht auch hätten ihre Wirkung tun können, finden bei der Werbung des reichen Peter keinerlei Erwähnung mehr. Allein das Geld spielt den Cupido, der zwischen Mann und Frau die Beziehungen stiftet. In Shakespeares „Othello" bringt der diabolische Intrigant Jago diese Einsicht auf den Punkt, mit seiner Empfehlung an den liebeskranken Cassio, er solle Geld in seinen Beutel tun.

✻

Zwar heiratet Peter, doch er bleibt kinderlos, solange er das kalte Marmorherz in der Brust trägt. Die emotionale und seelische Versteinerung seines Menschentums stellt ihn außerhalb der Generationenkette. Umso stärker wirkt der Impuls zur Fortpflanzung auf dem Sektor der Ökonomie. Holländer-Michel händigt seinem Opfer hunderttausend Gulden aus mit der Verheißung, sie könnten ihren Besitzer, *wenn du es geschickt umtreibst*, bald zum Millionär machen. Der Verführer usurpiert das Wachset und mehret Euch des Schöpfungsauftrages und macht es zum Imperativ von lukrativer Verzinsung und Kapitalvermehrung. Das Geld, so Karl Marx, „wirft Junge". Ein Denkbild, das schon Aristoteles kritisch gegen die

Zinswirtschaft und die Chrematistik zu wenden suchte. Erst am Schluß, nachdem Peter durch gnädige Fügung sein lebendiges Herz wiedererlangt hat, werden ihm Vaterfreuden zuteil, als *Frau Lisbeth von einem schönen Knaben genas.* Das *Patengeschenk* des Glasmännleins signalisiert, daß das glückliche Märchenende auch noch die falsche Ökonomie ins Richtige lenken möchte. Der Tannenzapfen, ein Baumsamen, den der gute Waldgeist seinem Schützling Peter zuwirft, verwandelt sich in *vier stattliche Geldrollen.* Sie enthalten *lauter gute, neue badische Taler, und kein einziger falscher darunter.* Die Geburt des Geldes aus der lebendigen Natur träumt den Traum von einer anderen Ökonomie. Ein Wunschbild freilich, dem schon zu jener Zeit etwas Kindlich-Rührendes anhaftet.

※

Wo immer im *Kalten Herzen* das Wirtshaus Erwähnung findet, stets würfelt man dort um Geld. Vor allem Ezechiel, Zögling des Holländer-Michel und reichster Mann der Gegend, scheint mit nichts anderem beschäftigt als dem ‚Knöcheln‘. Peters Abfall vom Glasmännlein beginnt mit der Hinwendung zum Würfelspiel, die ihm alsbald den Namen *Spielpeter* einbringt. Die diabolische Abkunft des Glücksspiels ist unübersehbar. Schon der heilige Augustinus stellt im „Gottestaat" warnend fest: „Das Würfelspiel hat ein Dämon erfunden." Und so machen sich im Herrschaftsbereich des Holländer-Michel nicht nur *Flüche, schlechte Sitten* und *Trunk* breit, sondern auch das *Spiel.* Dies paßt zur ökonomischen Logik des Verführers, die darauf abzielt, den Gelderwerb abzukoppeln von der sinnlichen Unmittelbarkeit und der Bodenständigkeit menschlicher Arbeit. Nicht von ungefähr schickt Holländer-Michel seinen neuen Kunden Peter Munk nach dem Herztausch erst einmal in die *weite Welt* hinaus, fort von Heimat und Herkommen. Nicht mehr durch der eigenen Hände Fleiß und im Schweiße des Angesichts soll er seinen Lohn verdienen. Die Akkumulation des Geldes wird gleichsam entmenschlicht und einer Sphäre überantwortet, in der nur zwei Parameter gelten: die Selbstvermehrung des Kapitals mittels Zins, Wucher und Wertpapier sowie die Magie des Zufalls, die Chance, plötzlich reich zu werden, entweder durch Lotteriegewinn oder *beim Glücksspiel*. Die Spielsucht arriviert zu einem zentralen Motiv der Literatur des 19. Jahrhunderts, nicht nur bei Puschkin und Dostojewskij. Vor allem die Bilder von Würfel und Würfelwurf verdrängten allmählich das Rad der Glücksgöttin Fortuna. Denn nun geht es darum, einen Begriff des Zufalls zu veranschaulichen, der von jeglichen Restbeständen überirdischer Heilslenkung gereinigt wurde. „Über allen Dingen steht der Himmel Zufall." Das Nietzsche-Wort aus dem „Zarathustra" erhebt den puren Zufall zum neuen metaphysischen Prinzip, das keine Theodizee mehr kennt. Mallarmé macht diese Einsicht zum Titel seiner späten Rätseldichtung „Un coup de dés jamais n'abolira le hasard". Noch Albert Einstein greift zu ähnlichen Bildern beim Versuch, die quantentheoretische Unschärferelation zu entkräften: „Gott würfelt nicht". Nur wo man auf den Würfelwurf verzichtet, gibt es wieder Hoffnung auf metaphysisch abgesicherten Sinn. Doch dies gilt nicht für die Ökonomie des Holländer-Michel. Durch die Wirtschaftsteile der aktuellen Tagespresse geistert wie ein Leitmotiv das Wort vom Casinokapitalismus.

*

In einem Wirtshaus erzählt man sich das Märchen vom kalten Herzen. In einer anrüchigen Spessart-Spelunke, in der die Gäste um ihr Leben fürchten müssen. Das Glasmännlein ist kein Freund der Wirtshäuser. Der gütige Waldgeist warnt Peter Munk eindringlich vor dem *Wirtshauslaufen*, das noch keinem gut bekommen sei. Zunächst mag eine solche Idiosynkrasie befremdlich anmuten, unterschlägt sie doch wichtige sozialintegrative Funktionen des Gasthauses. Gerade dieser Ort war von alters her der Schauplatz dörflichen Gemeinschaftslebens, der alljährlichen kollektiven Feste, aber auch der wichtigen familiären Ereignisse: Taufe, Hochzeit, Beerdigung. Derlei findet in Hauffs Märchen keinerlei Erwähnung. Das Wirtshaus zeigt sich nur von seiner schlechten Seite. Zwar ist es auch hier der traditionelle Ort des dörflichen Tanzvergnügens, doch dieses Gemeinschaftserleben verkümmerte weitgehend zum Jahrmarkt der Eitelkeiten und zum Schauplatz von Konkurrenzkämpfen, bei denen es nicht zuletzt auch darum geht, den Anderen an akrobatischen Fertigkeiten zu übertrumpfen. Hier regiert schon das bürgerliche ‚Schneller, weiter, höher!‘. Nicht zuletzt ist es der Ort, wo man dem Fetisch Geld huldigt, wo man sich dem Glücksspiel hingibt oder protzig den eigenen Reichtum zur Schau stellt. Es fällt auf, daß von den beiden Waldgeistern nur Holländer-Michel das Wirtshaus betritt. Eine symbolische Konstellation, die diesem Schauplatz die allgemeinere Bedeutung eines bösen Ortes zuweist. Im Volksglauben figuriert das Wirtshaus zuweilen als Erfindung des Teufels, mit deren Hilfe der Verführer die Menschen von der heiligen Messe und vom rechten Glauben wegzulocken sucht. In manchen ländlichen Regionen gilt es sogar als der Ort, wo sich die verstorbenen Sünder vor Antritt ihrer Höllenfahrt versammeln. Peters letzter Besuch im Wirtshaus trägt Züge einer solchen Vorbereitung.

Das Gespräch mit dem dicken Ezechiel, bei dem es zunächst nur um Krieg, Steuern und ums Wetter geht, wendet sich plötzlich dem Sterben zu. *Da fragte Peter den Dicken, was er denn vom Tode halte und wie es nachher sein werde.* Die im Wirtshaus Versammelten richten den Blick ins Jenseits, wo *nach dem Tode die Herzen gewogen werden, wie schwer sie sich versündigt hätten.* Für die Zöglinge des Holländer-Michel, so sie nicht wie Peter noch auf den rechten Weg zurückfinden, ist dies der Auftakt zur Höllenfahrt.

✳

Zu den Kerngedanken des „Kommunistischen Manifests" gehört die These, die Bourgeoisie habe das Familienverhältnis „auf ein reines Geldverhältnis" zurückgeführt. Auf dem Gipfel seiner kapitalistischen Karriere nimmt Peter Munk seine im Elend lebende Mutter nur noch als *das alte Weib* wahr. Das kalte Herz hat kein Empfinden mehr für die Besonderheit persönlicher familiärer Bindungen. Sogar die Mutter-Kind-Beziehung, Urbild der ersten innigen Nähe, hat ihre prägende Kraft verloren. Die Kategorie des Geldes macht aus der personalen Identität und Einzigartigkeit der Mutter ein Exemplar sozialer Allgemeinheit. Die ihm das Leben schenkte, sie ist für Peter nur noch ein altes Weib unter anderen alten Weibern. Die abstrakte Indifferenz des Geldprinzips, Georg Simmel spricht von der „Unindividualität" dieses Mediums, sie duldet keine persönlichen Regungen mehr. *Aber das kalte Herz wurde nimmer gerührt von dem Anblicke der bleichen, wohlbekannten Züge, von den bittenden Blicken, von der welken, ausgestreckten Hand, von der hinfälligen Gestalt.* Mit dem warmen Herzen wurde das für Mitleid zuständige Organ ausgelagert. Umso wacher bleibt der kalkulierende Geldverstand. Das alte Weib ist schnell vergessen, nicht jedoch der mißliche Umstand, daß Peter mit dem Almosen *wieder sechs Batzen umsonst ausgegeben* hat. Die Unterstützung der eigenen Mutter wird zum schlechten Geschäft, das keine Rendite abwirft. Die Imperative des Geldes verdrängen das biblische Gebot, man solle Vater und Mutter ehren. Wenig später wird der Geizige sogar gegen das fünfte Gebot verstoßen und die eigene Frau erschlagen. Die kapitalistische Zerstörung der Familie bleibt fortan ein literarischer Dauerbrenner. Vor allem Balzac wird hierbei zum Trendsetter, nicht zuletzt mit seinem Roman „Le Père Goriot". Hier sind es die Töchter, die, obwohl reich verheiratet, ihren alten Vater buchstäblich bis aufs letzte Hemd ausplündern und dann einsam verrecken lassen. Vor solcher Brutalität schützt im Falle Hauff nur die Wahl der Märchengattung, die das glückliche Ende einfordert. Doch gerade mit Blick auf diese Vorgabe bleibt es bemerkenswert, mit welcher Radikalität der Text zuvor alles Familiäre der unbarmherzigen Macht des Geldes ausliefert. Insofern muß man es als zynische Pointe werten, daß Peter unmittelbar nach der Episode mit dem alten Weib den Entschluß faßt, eine Familie zu gründen.

✻

Das harmonische Ende des Märchens rückt post festum alles Vorige ins milde Licht der Versöhnung. Allzu leicht mag man dabei vergessen, mit welcher Radikalität, ja Brutalität der Text zuvor die unbarmherzige Kälte einer zum Selbstzweck verkommenen Ökonomie zur Darstellung brachte. Immerhin greift Hauffs Erzählung dieses Thema bereits im Jahre 1827 auf, noch vor Balzac und Dickens, vor jenen Autoren, deren Werke stets Erwähnung finden, wenn es darum geht, für das 19. Jahrhundert exemplarische literarische Darstellungen des Kapitals und seiner unmenschlichen Wirkung namhaft zu machen. Peter Munk mit dem kalten steinernen Herzen präsentiert sich zuweilen wie der Ahnherr eines Grandet oder Scrooge: Die Rücksichtslosigkeit, mit der er säumige Schuldner pfänden läßt, mit der er ganze Familien, *Vater, Mutter und Kind in den Wald* treibt. Nicht zuletzt die Erbarmungslosigkeit, mit der er die Bettler von seinem eigenen prachtvollen Anwesen verjagt. Es fehlen nur Kostüm und Kulisse des juste-milieu oder des viktorianischen Bürgertums, um nicht sogleich an Balzacs unerbittlichen Röntgenblick auf die vom Geld verhexte Gesellschaft oder an Dickens und seine empathischen Elendsdarstellungen zu denken. Selbst der beißende Sarkasmus, in den sich die beiden großen Romanautoren zuweilen retten, wenn ihre Schilderungen die Grenzen des Unerträglichen streifen müssen, blitzt hie und da schon in Hauffs Märchen auf. Man erfährt, daß es *dem reichen Peter einige Unlust* bereitet, wenn seine Opfer, die von ihm *Ausgepfändeten* und Ruinierten, vor seiner Tür um Almosen betteln. Im Leser keimt die Hoffnung, der Geizige möge sich noch einen Rest von Barmherzigkeit bewahrt haben. Doch recht bald wird man eines Schlechteren belehrt. Peter geht es nur darum, die Belästigung loszuwerden. Dies gelingt, als er sich *ein paar tüchtige Fleischerhunde* anschafft; er *pfiff und hetzte, und die Bettelleute flogen schreiend auseinander.* Von einem der französischen Rothschilds kursiert die Anekdote, er habe eines Tages vor seinem prächtigen Hause einen zerlumpten Bettler vorgefunden und daraufhin seinen Diener angewiesen: „Schmeiß ihn raus, er bricht mir das Herz!" Selbst zu einer solch makabren Reaktion wäre Peters Steinherz nicht mehr fähig.

※

Wilhelm Müllers „Winterreise" berichtet vom Kältetod eines Herzens. Ein Heimatloser und Fremder irrt durch froststarre Winterlandschaften, durch eine Welt der emotionalen Vereisung. Der Frost bemächtigt sich schließlich auch der Seele. An sich selbst entdeckt der Herumirrende „gefrorene Tränen", die zu Eis erstarrten. „Mein Herz ist wie erfroren", so die verzweifelte Selbstwahrnehmung des Unbehausten, der mehr und mehr sein Inneres als unmenschliche Winterlandschaft erlebt: „Mein Herz sieht an dem Himmel / Gemalt sein eignes Bild – / Es ist nichts als der Winter, / Der Winter kalt und wild!" Die bekannten Verse vom Leiermann, der „barfuß auf dem Eise" einsam seine Leier dreht, setzen dann den verstörenden Schlußpunkt mit einem Szenario des kollektiven Kältetodes. Anlaß der Winterreise scheint die alte Geschichte von Liebesfreud und Liebesleid: „die Liebe liebt das Wandern – / Gott hat sie so gemacht – / Von einem zu dem andern". Unzählige Volkslieder berichten vom ungetreuen Mädchen, das sich einen neuen Liebsten erwählt und den Verlassenen in tiefste Verzweiflung stößt. Doch ein kleiner Hinweis gibt zu erkennen, daß es in der „Winterreise" nicht mehr, wie noch in der „Schönen Müllerin", um das Unstete und Wandelbare der menschlichen Gefühle geht, sondern auch ums Geld. Schon das zweite Gedicht („Die Wetterfahne") stellt mit aller Deutlichkeit klar: „Was fragen sie nach meinen Schmerzen? – / Ihr Kind ist eine reiche Braut." Die Macht der Liebe wich dem lieben Geld. Die soziale Kälte hat ihren realen Urheber, ihren nervus rerum. Aus dieser Vereisung gibt es kein Entrinnen. – Ein biographischer Nachtrag: Im September 1827, wenige Wochen vor seinem Tode, erhält Hauff Besuch vom Dichterkollegen Wilhelm Müller, dem Verfasser der „Winterreise". Es begegnen sich zwei Experten für soziale Kälte.

*

Im Jahre 1820 tritt Hauff ins Tübinger Stift ein, um dort Theologie und Philosophie zu studieren. In der gleichen Stadt lebt seit 1806 Friedrich Hölderlin, in geistiger Umnachtung, gepflegt und betreut vom Schreinermeister Ernst Zimmer. Hölderlin innervierte wie nur wenige seiner Zeitgenossen die emotionale Kälte der Welt. Aus einem Brief an Schiller vom 4. September 1795: „Ich friere und starre in dem Winter, der mich umgibt. So eisern mein Himmel ist, so steinern bin ich." Sein berühmtes Gedicht „Hälfte des Lebens" kreist um das Miteinander von Erkaltung, Versteinerung und seelischer Verödung: „Die Mauern stehn / Sprachlos und kalt, im Winde / klirren die Fahnen." Ein Jahr vor seinem Tode schreibt Hölderlin das Gedicht „Der Winter". Karge Verse, die wie der fahle Nachschein des früheren Bilderreichtums anmuten. Doch erstaunlicherweise ist hier nirgends von Kälte die Rede, obwohl das Jahreszeiten-Thema dies nahelegen müßte. Stattdessen ein friedlicher Panoramablick, der wie von oben der „Erde Rund" umfaßt und einer Natur ansichtig wird, die sich „von Helle nur umkränzet" darbietet. Aus dem Bild des Winters verschwand die Kälte. Doch zu solcher Wahrnehmung der Welt gelangte Hölderlin erst in einem Zustand, der, wie Waiblinger anmerkt, „eine genaue Communicazion mit ihm unmöglich machte". Der Rückzug aus der kalten Welt läßt die Bilder der Kälte verblassen. „Sein Leben ist ganz ein inneres." Waiblingers Bild vom kranken Hölderlin berichtet vom Fluchtraum einer simplicitas, in die gesellschaftliche Entfremdung nicht mehr hineinreicht. Im Inneren seines ins Schlichte zurückgesunkenen Gemüts bleibt der Dichter, der immer wieder gegen die götterlose Zeit anschrieb, gefeit vor der Kälte der Welt. Peter Munk findet Asyl im gesellschaftsfernen Glück im Winkel.

*

Kaum weniger als Hauff besaß der Märchendichter Hans Christian Andersen ein untrügliches Gespür für soziale Kälte. Das kleine Mädchen mit den Schwefelhölzern erfriert, nachdem es seine letzten Streichhölzer aufgebraucht hat. Dies inmitten einer Stadt, deren Bewohner in den warmen und hellerleuchteten Zimmern Silvester feiern. Selbst der Blick auf die Erfrorene ändert nichts an der kalten Teilnahmslosigkeit der Gesellschaft. Im Märchen „Die Schneekönigin" nutzt Andersen das Motiv der Kälte zur Kritik an einer durch Rationalität dehumanisierten Moderne. Das Schloß der Schneekönigin, in das es den kleinen Kay verschlägt, entpuppt sich als zwar prächtiger, aber alle menschliche Wärme abtötender Eispalast. In seinem Zentrum befindet sich ein in tausend gleichförmige Eisstücke zersprungener See, auf dem die Königin thront. Für sie ist es der „Spiegel des Verstandes", der „einzige und beste in dieser Welt". Hier spielt man eine Frühform von Hesses Glasperlenspiel, das „Verstandeseisspiel", bei dem die Spieler die Eisstücke zu kunstvollen Figuren arrangieren. Die Allegorie einer in sich stimmigen kalkulatorischen Ratio, die ausschließlich dem Imperativ operationaler Richtigkeit gehorcht. In einer solchen Welt haben die warmen Herzen keine Chance. Der kleine Kay wird von Kälteschauern gepackt. Sein Herz „war so gut wie ein Eisklumpen". Erst eine dea ex machina verheißt Rettung. Die heißen Tränen der kleinen Gerda fallen auf Kays Brust und dringen in sein Herz: „sie tauten den Eisklumpen auf". Das Märchen vom standhaften Zinnsoldaten endet mit einer melancholischen Hommage an das Herz. Am Ende seiner Odyssee durch die Wirrnisse und Abgründe der bürgerlichen Welt landet der Titelheld mitsamt seiner angebeteten Papiertänzerin im Kaminfeuer: „Da schmolz der Zinnsoldat zu einem kleinen Klumpen und als das Mädchen am folgenden Tage die Asche herausnahm, fand sie ihn als ein kleines Zinnherz." Das Schlußbild balanciert diskret auf der Grenze zwischen Gefühl und Erstarrung. Es vertritt die Imago einer Menschlichkeit, der die Gegenwart kaum noch hold ist, die aber wie der standhafte Zinnsoldat sich zu behaupten sucht, solange es eben noch geht.

✳

In den dramaturgischen Überlegungen zu den „Wiedertäufern" skizziert Dürrenmatt das Handlungsschema einer Tragikomödie über den bekannten Polarforscher Robert Falcon Scott, der im Jahre 1912 auf einer Antarktis-Expedition ums Leben kam. Leider hat der Autor diesen Entwurf nicht ausgearbeitet. Ein Stück blieb ungeschrieben, das womöglich eine brillante Parabel auf die Kältezonen der Moderne hätte bieten können. Dürrenmatt erwägt für Scott einen anderen Erfrierungstod: „Doch wäre auch eine Dramatik denkbar, die Scott beim Einkaufen der für die Expedition benötigten Lebensmittel aus Versehen in einem Kühlraum einschlösse und in ihm erfrieren ließe." Der berühmte Polarforscher stirbt nicht den heroischen Tod in den „endlosen Gletschern der Antarktis", sondern er endet auf skurill-groteske Weise imitten des bürgerlichen Getriebes: „Scott, eingeschlossen in den Kühlraum durch ein läppisches Mißgeschick, mitten in einer Großstadt, nur wenige Meter von einer belebten Straße entfernt". Schon dieser dramatische Nukleus regt die Phantasie an, dem modernen Kult der Kälte bis in seine ökonomischen Epiphänomene nachzuspüren. Ohne Kühlräume wären heutzutage die Einkaufsmärkte nicht existenzfähig. Die Kältezonen erstrecken sich bis in die Verkaufsräume hinein, in Form von überdimensionalen Kühltruhen, denen man bequem die Tiefkühlkost der Iglu- und Frosta-Produkte entnehmen kann. Solche Annehmlichkeit wird gewährleistet mittels einer gewaltigen verkehrstechnischen Infrastruktur, die es Tag für Tag ermöglicht, Tausende von voluminösen Kühlwagen über die Straßen der Industrieländer rollen zu lassen. Bofrost-Nahrung wird heutzutage frei Haus geliefert. Die Warenzirkulation der Konsumgesellschaft geht einher mit der Zirkulation von Kälte. Dürrenmatts Scott braucht nicht mehr in die Antarktis zu reisen, um den Thrill der eisigen Zonen zu erleben. Er stirbt inmitten tiefgekühlter Waren. Vielleicht ist die heutige Koinzidenz von sozialer Kälte und Gefrierkost-Fetischismus keine zufällige.

*

Der Film „Fargo", das Meisterwerk der Brüder Joel und Ethan Coen aus dem Jahr 1996, entwirft ein skurril-makabres Panorama der Geldgier und ihrer destruktiven Folgen. Ein kleiner Autoverkäufer läßt die eigene Frau entführen, um an das Geld seines vermögenden Schwiegervaters zu kommen. Das Familiäre taugt hier nur noch als strategisches Element krimineller Geldbeschaffung. Doch die beiden zu diesem Zweck angeheuerten Ganoven vermasseln die Sache gründlich. Die Aktion läuft aus dem Ruder und steigert sich zum tödlichen Selbstläufer, der eine blutige Kettenreaktion von Gewalt und Mord auslöst. Dies alles spielt sich ab im klirrenden Frost einer verschneiten und vereisten Winterlandschaft. Die kalte Hölle als Kulisse für die Jagd nach Reichtum. Nicht zufällig grüßt am Ortseingang des kleinen Städtchens die überlebensgroße Holzstatue des Holzfällers Paul Bunyan, jener Sagenfigur, in der die riesigen Waldrodungen im Amerika des 19. Jahrhunderts sich zur legendären Gestalt personifizierten. Ein transatlantischer Bruder des dämonischen Holländer-Michel.

*

In seiner künstlerischen Intention und in seiner Thematik antizipiert Hauffs *Kaltes Herz*, was der junge Franz Kafka im Jahre 1904 an den Freund Oskar Pollak schreibt: „Ein Buch muß die Axt sein für das gefrorene Meer in uns." Der Satz enthält einiges an kunsttheoretischer Brisanz. Das künstlerische Gebilde meldet unnachgiebig Einspruch an gegen die fortschreitende seelische Erkaltung des modernen Menschen. Schon Schiller sprach der ästhetischen Erziehung die Aufgabe zu, gegen den „Kaltsinn" der Zeit der leiblich-geistigen Totalität des Menschen zu ihrem Recht zu verhelfen. Kunst wird so, um mit Adorno zu sprechen, zum „Statthalter besserer Praxis", der das Wissen vom rechten Leben im Bilde aufbewahrt und diesen „Vorschein des Besseren" für künftige gesellschaftliche Praxis verfügbar hält. Hauffs Märchen gelingt es, die Kälte der bürgerlich-kapitalistischen Welt nicht nur zu thematisieren, sondern sie obendrein noch als quasimythischen Verblendungszusammenhang aufzudecken. Illusionslos ist der Text paradoxerweise gerade dort, wo er am Schluß mit Peters Glück im Winkel einen Ort anvisiert, in den das Geldprinzip nicht mehr hinein-reicht. Die Entrücktheit des versöhnlichen Endes, ein Happy End gleichsam in Anführungszeichen, wird zum stillschweigenden An-erkenntnis allgemeiner Entfremdung. Zugleich jedoch bewahrt die forcierte Idylle noch die Idee einer besseren Gesellschaft. Ihren Sinn erhält diese Denkfigur, weil sie Geschichte als zyklischen Pro-zeß begreift, in dessen Verlauf Zukünftiges wieder an Früheres an-zuknüpfen vermag. Die inhumane Kälte der Zeit wird solcherma-ßen zum kalten Winter, dem ein wärmender Frühling folgen mag, der Strom und Bäche vom Eise befreit. Nicht zuletzt von sozialer Kälte spricht Adorno, wenn er der Kunst attestiert, sie helfe beim „Überwintern".

*

Weitere Bausteine zu einer Literaturgeschichte der Kälte: Im be-rühmten „Abendlied" von Matthias Claudius erwächst die vertrau-ensvolle Hingabe an die Güte Gottes aus der Erfahrung eines Dies-seits, dem die Wärme entschwindet: „Kalt ist der Abendhauch". Balzac vergleicht in den „Illusions perdues" das inhumane Klima der Hauptstadt Paris mit den Eiswüsten Rußlands, in denen Napo-leons Grande Armée unterging. In Oscar Wildes Märchen „The sel-fish Giant" erstarrt ein blühender Garten zur Eislandschaft, weil der hartherzige Besitzer aus ihm die spielenden Kinder vertrieb. Erich Kästners Roman „Fabian" stellt dem Wirtschaftsgangstertum der Zwanziger Jahre die kühle Diagnose, Deutschland habe kein Fieber, sondern „Untertemperatur". Frost wird im gleichnamigen Prosawerk von Thomas Bernhard zur Zentralmetapher, die das Er-kalten der menschlichen Verhältnisse und seelischen Zustände beschreibt. Spielbergs Film „AI" zeigt zum Schluß die im Eismeer untergegangene und erstarrte Stadtlandschaft New Yorks. Am Ende seiner „Negativen Dialektik" wagt Adorno die These, ein „Weiterleben" nach dem Grauen der nationalsozialistischen Vernichtungslager bedürfe „schon der Kälte, des Grundprinzips der bürgerlichen Subjektivität, ohne das Auschwitz nicht möglich gewesen wäre". Schon im Januar 2006 verzeichnete die Internet-Suchmaschine Google 453.000 Einträge zum Stichwort „Soziale Kälte".

*

Nur widerwillig läßt der reiche Peter Munk seiner eigenen Mutter, die zur Bettlerin wurde, ein kleines Almosen zukommen: *Mürrisch zog er, wenn sie sonnabends an die Türe pochte, einen Sechsbätzner hervor, schlug ihn in ein Papier und ließ ihn hinausreichen durch einen Knecht.* Eine Beschreibung von beträchtlicher erzählerischer Sensibilität. Das auf den ersten Blick seltsame Einwickeln des Geldstücks enthüllt sich bei genauer Betrachtung als eine Geste von symbolischer Tiefenschärfe. Der Reiche vermeidet es, der *ausgestreckten Hand* der Mutter zu begegnen. Sogar den mittelbaren Kontakt scheut er. Das Geldstück darf nicht direkt von Hand zu Hand gehen. Das Stück Papier, überreicht durch den Knecht, soll sicherstellen, daß zwischen Sohn und Mutter jedwede sinnliche Kommunikation unterbleibt. Doch gerade in dieser Berührungsangst machen sich Zeichen der Hoffnung bemerkbar. Die fast schon phobische Kontaktscheu signalisiert einen wenn auch schwachen Restbestand an Verbundenheit. Wäre unter dem Bann des kalten Herzens jegliche Fühlung zur Mutter erloschen, Peter Munk hätte mit Leichtigkeit und ohne große Umstände der Bettelnden von Angesicht zu Angesicht gegenübertreten können. Wo aber noch letzte Spuren menschlichen Fühlens unbewußt vorhanden sind, dort muß man, unter dem Diktat der unpersönlichen Geldform, unwillentlich Vorkehrungen treffen. Man legt zwischen sich und den Anderen eine Art Filter, der alles Sinnliche absorbiert und nur noch die mittelbare, die indirekte Kommunikation erlaubt. Munks Verhalten ist insofern ein Hoffnungszeichen, als es unwissentlich von Bezirken des Unbewußten berichtet, in die sich jenes Menschliche zurückzog, das im Reich der kalten Herzen seinen Platz nicht mehr findet. So erzählt paradoxerweise gerade jener Moment, in dem Munk sogar sein familiäres Mitgefühl aufzukündigen scheint, von der Idee einer Mitmenschlichkeit, die selbst unter der Diktatur des Kapitals unzerstörbar bleibt, freilich um den Preis, daß sie sich in den Untergrund zurückziehen muß, um dort auf bessere Zeiten und auf das gute Ende zu warten. Die Erzählung macht den Ort dieses Asyls recht genau kenntlich: den menschlichen Leib. In den Reaktionen und Idiosynkrasien des Körpers verschafft sich das Verdrängte Ausdruck und Sprache.

*

In der Welt der kalten Herzen ist nur wenig Raum für intakte Familien. Peter Munk wächst ohne Vater auf. Ezechiel, der Tanzbodenkönig und auch der lange Schlurker scheinen Singles zu sein. Zwar heiratet Peter, doch die Ehe bleibt kinderlos, solange der Krösus von Holländer-Michels Gnaden die Bevölkerung des Schwarzwaldes brutal ausbeutet. Eine Ausnahme macht nur die schlichte Holzfäller-Familie, bei der Peter zu Beginn gastfreundliche Aufnahme findet, nachdem sein erster Versuch einer Kontaktaufnahme mit dem Glasmännlein scheiterte. In wenigen Strichen zeichnet der Text das anheimelnde Genrebild einer rechten Familie. Großvater, Vater, Mutter, Töchter, Söhne, Enkel: sie alle unter einem Dach, zur Abendstunde versammelt *um den großen Lichtspan*. Die Mädchen am Spinnrad, die Burschen damit *beschäftigt, Löffel und Gabeln aus Holz zu schnitzen*. Eine Idylle, die wie alle Idyllen sich abschottet von den Widrigkeiten einer Außenwelt, in der gerade ein heftiger Sturm wütet und Holländer-Michel seine Axt an die sakrosankten Bäume des Tannenbühls legt. Diese trauliche Familie steht außerhalb des kapitalistischen Verblendungszusammenhangs, den der diabolische Magier des Geldes über die Menschen des Schwarzwaldes legte. Doch gerade die externe Position befähigt den Großvater, die historische Wahrheit über Holländer-Michel erzählend mitzuteilen. Nur der Außenstehende vermag noch den Blick der rechten Erkenntnis auf das allmächtige Unwesen des Geldes zu werfen. Nur jenseits des Kapitalismus, dies die Botschaft, scheint eine Beziehung der Menschen möglich, die den Namen Familie verdient. So wird auch Peter erst eines solchen Glücks teilhaftig, nachdem er sein warmes Herz zurückgewann, den Bann des Geldes zerschlug, auf *Gold und Güter* verzichtete und sich künftighin als einfacher Köhler, in Gesellschaft von Mutter, Ehefrau und Söhnlein, *mit wenigem* zufrieden gibt. Heutzutage mehren sich die Stimmen, die eine entfesselte Marktwirtschaft mitverantwortlich machen für die augenfällige Erosion der familiären Strukturen. Dem stellt sich das Thema Kinderlosigkeit zur Seite, das zur Zeit im Feuilleton und in den Sachbüchern zum medialen Dauerbrenner avanciert. Beim Blick auf den Geburtenrückgang in den westlichen Industrieländern beschleicht so manchen die Ahnung, daß Kapitalismus tendenziell mit Kinderlosigkeit einhergehen könnte. Die unerfüllbaren Verheißungen des Geldes erzeugen ein individuelles wie kollektives Begehren, in dem der Kinderwunsch an Attraktivität verliert. Die lockenden Phantasmen der Warenästhetik und die bunten medialen Illusionen bringen es fertig, den Menschen ein besseres und schöneres Glück vorzugaukeln.

⁂

Gegen den kaltherzigen Geldmenschen Peter Munk steht seine warmherzige Ehefrau Lisbeth. Sie kompensiert, so gut sie es eben vermag, die Unmenschlichkeit ihres Mannes. Wo dieser nur das nackte Profitinteresse, die pure Selbstvermehrung des Kapitals im Auge hat, führt sie das Geld wieder sinnvollen und humanen Zwecken zu, indem sie es, sehr zum Unwillen des geizigen Ehemannes, den Bedürftigen gibt. Wohl nicht ohne Grund trägt die Barmherzige den Namen Lisbeth, die volkstümliche Variante von Elisabeth. Man mag an eine der großen Heiligen der katholischen Kirche denken, an Elisabeth von Thüringen, die mildtätige und selbstlose Helferin der Armen, Hungrigen und Verelendeten. Wie überhaupt Lisbeth durch diskrete Hinweise in die Nähe christlicher Bildvorstellungen gerückt wird. Bei der Hilfeleistung für das sich alt und gebrechlich gebende Glasmännlein greift sie zunächst zum Wasserkrug. Bald jedoch besinnt sie sich und entscheidet sich für einen Becher Wein, den sie dem Hilfesuchenden mit einem Stück Brot darbietet. Brot und Wein: Die Geste des Helfens steigert sich zur caritas im Geiste der imitatio Christi. Ihr Tun und Denken gilt den Mühseligen und Beladenen. Wenn Lisbeth ihre Mildtätigkeit dann auch noch mit dem Leben bezahlt, ist der Gedanke an Märtyrerschicksale nicht mehr fern. So kann sie nach dem Tode in die Rolle einer Schutzpatronin schlüpfen, da einzig um ihrer Barmherzigkeit willen das Glasmännlein Peter Munk noch eine letzte Gelegenheit zu Reue und Umkehr gewährt.

*

Peter glaubt sich für immer gut versorgt mit Geld, weil das Glasmännlein ihm den Wunsch erfüllte, stets soviel Geld zu besitzen wie der reiche Ezechiel. Doch gerade in dieser auf den ersten Blick lukrativen Perspektive lauert das Unheil. Im Glücksspiel-Duell mit Ezechiel erfährt Peter am eigenen Leibe *ein wunderliches Rechenexempel.* Er muß die bittere Erfahrung machen, daß das Medium Geld die vertrackte Fähigkeit besitzt, Fülle in Mangel zu verwandeln. Er gewinnt Spiel um Spiel, bis am Ende sein Gegner ohne Geld dasteht. Peter wird das Opfer seines eigenen Wünschens. Er mag noch soviel gewinnen, sein eigenes Vermögen verringert sich stets um die Summe, die er dem Gegner abnimmt. Der Moment des höchsten Gewinns ist zugleich der des größten Verlustes. Die Prophetie eines wildgewordenen und selbstzerstörerischen Casinokapitalismus, über dem als Motto die Worte der Sorge aus dem „Faust II" stehen könnten: „Er verhungert in der Fülle."

*

Wie lassen sich Peters Reue und sein Sinneswandel begründen angesichts der Tatsache, daß der Kaltherzige nach wie vor sein steinernes Herz in der Brust trägt, das jeglicher Rückbesinnung und Besserung unwiderruflich im Wege steht? Selbst im Kontext eines Märchens ist Hauff nicht so naiv, diese innere Umkehr einem deus ex machina oder einem reitenden Boten des Königs anzuvertrauen. Zu weit hat er sich schon mit der gesellschaftlichen Wirklichkeit des Kapitalismus eingelassen, als daß er sich noch auf derlei Fernhilfen stützen könnte. In Peter selbst reift die Lösung heran, nachdem er zum Mörder der eigenen Frau wurde. Dies im Zuge einer Selbstreflexion, die beträchtliche menschenkundliche Tiefenschärfe verrät: *Wie er nun so ganz allein war, da kamen ihm sonderbare Gedanken; er fürchtete sich vor nichts, denn sein Herz war ja kalt, aber wenn er an den Tod seiner Frau dachte, – kam ihm sein eigenes Hinscheiden in den Sinn.* Peter macht jene Grunderfahrung, die den frühesten Menschen wohl das erste Wissen um die eigene Sterblichkeit bescherte. Der Blick auf den Tod des Anderen mußte mit unentrinnbarer Zwangsläufigkeit zur Erkenntnis führen, daß man selbst auch sterblich sei. Diese existentielle Erfahrung kann auch das steinerne Herz nicht aus der Welt schaffen. In der Folge bedient Hauff sich einer bereits modern anmutenden anthropologischen Argumentation. Das Wissen um den eigenen Tod rückt unausweichlich die Schicksalsgemeinschaft mit anderen Menschen ins Blickfeld. Es bildet sich ein Nukleus sozialen Verhaltens. So auch bei Peter. Plötzlich bedenkt er, *wie belastet er dahinfahren werde, schwer belastet mit den Tränen der Armen.* Er kann den Gedanken an Mutter und Ehefrau nicht mehr von sich abtun. Auch weiß er nicht, wie er dem Schwiegervater gegenübertreten kann, wenn dieser ihn nach Lisbeth fragen sollte. Und wie wollte er schließlich *einem andern Frage stehen, dem alle Wälder, alle Seen, alle Berge gehören, und – die Leben der Menschen?* Die Gedankenkette skizziert in knappster Form historische Grundelemente, ohne die menschliche Kultur und Zivilisation kaum denkbar wären. Über den sozialen Nahbereich hinaus führt das Nachdenken zur Idee einer letzten

Sinninstanz, wie sie das Bild vom allmächtigen Gottvater verheißt. In der unvorgreiflichen Grundbefindlichkeit des Menschlichen, einem Apriori, das sich auch vom kalten Herzen nicht suspendieren läßt, erspürt Peter die Möglichkeiten des Besseren. Doch märchenhaft bleibt das Ganze insofern, als es sich hier um einen Auserwählten handelt, um ein Sonntagskind. Peter scheint die Ausnahme, nicht die Regel. Nirgends hört man davon, daß Ezechiel, Schlurker und die anderen Kunden des Holländer-Michel auf dem Wege der Besserung wären. Doch die Anthropologie dieses Märchens läßt auch ihnen vielleicht noch eine Restspur von Hoffnung.

*

Der Sieg über den Holländer-Michel hat etwas von einer Erlösungstat. Bewaffnet mit einem Kruzifix, steigt Peter hinab in die Schlucht des bösen Riesen, in die Unterwelt des diabolischen Versuchers. Auch Christus fuhr nieder zur Hölle und kehrte nach getanem Erlösungswerk zurück. Holländer-Michel wird beim Anblick des Kreuzes *kleiner und immer kleiner*, er windet sich *wie ein Wurm*. Auch die Rettung der anderen verdammten Seelen scheint nahe, *alle Herzen umher fingen an zu zucken und zu pochen*. Doch umfassende Erlösung findet nicht statt. Nur Peter entkommt der Hölle, derweil die anderen Herzen auf ihrem Gesimsen verbleiben und weiter der Verdammnis harren. Der Sieg des Erlösers kann keinerlei Allgemeingültigkeit beanspruchen, er bleibt privates Ereignis. Peter, mit knapper Not der Hölle entronnen, muß mit ansehen, *daß Michel sich aufraffte, stampfte und tobte*. Die Kraft des Riesen bleibt ungebrochen. Ein *schreckliches Gewitter* und massive Waldschäden zeugen von der fortdauernden Macht des Versuchers. So kann auch das Happy End kaum für sich in Anspruch nehmen, ein Bild allgemeiner Versöhnung zu sein. Es berichtet nur von der Rettung eines einzigen Sünders, der in einer zum schmucken Bauernhaus mutierten Köhlerhütte sein Glück im Winkel genießt.

*

Unter Walter Benjamins Radioarbeiten befindet sich ein zusammen mit dem Schulfreund Ernst Schoen verfaßtes Hörspiel, das lange als verschollen galt und erst im Jahre 1979 in Schoens Nachlaß aufgefunden wurde. Sein Titel: „Das Kalte Herz. Ein Hörspiel für Kinder nach dem Märchen von Hauff". Eine sensible und mediengerechte Adaption des Hauff-Textes. Mit Blick auf das gute Ende mußte sich freilich die Frage stellen, wie mit Peter Munks Sieg über Holländer-Michel umzugehen sei. Der vom Märchen vorgegebene Triumph des Kreuzes über den bösen Verführer schien den Verfassern wohl nicht mehr zeitgemäß, und so entschlossen sie sich zu einer theoretisch recht anspruchsvollen Veränderung. Peter bannt die Kraft des Holländer-Michel im Zuge einer Reimfindung: „Du bist uns nicht aus Holland gesandt, / Herr Michel, sondern aus Höllenland!" Das Zauberwort bricht für eine kurze Weile die Kraft des bösen Riesen und ermöglicht Peter die erfolgreiche Flucht. Das Nennen des richtigen Namens verleiht Macht über das Benannte. Das bekannteste Beispiel liefert bis auf den heutigen Tag das Märchen vom Rumpelstilzchen. Schon im Alten Testament richtet Gott an Jakob die besitzanzeigenden Worte: „Ich habe dich bei deinem Namen gerufen; du bist mein!" (Jes. 43,1) Benjamin gibt solcher Philosophie des Namens eine leise Wendung ins Magische und sogar Animistische. Er nutzt die Lautähnlichkeit von Holland und

Höllenland, um aus der Klangentsprechung die Sinnentsprechung hervorgehen zu lassen. Indem Peter Munk, angeleitet vom vielwissenden Glasmännlein, diese ontische Relation im wörtlichen Sinne zur Sprache bringt, zieht er das wahre Wesen des Holländer-Michel aus dem Dunkel der Verborgenheit ins Licht der Erkenntnis. Dies gelingt vor allem durch die Kraft der sinnlichen Analogie, die sich in der Ähnlichkeit der Lautfolge auftut. Nur das wilde Denken, stets in mimetischer Fühlung zu den geheimen Entsprechungen der Wirklichkeit, kann den mythischen Bann lösen, weil es selbst eine Form mythischer Welterkenntnis darstellt. Man könnte kritisch einwenden, Benjamins sprachphilosophische Option sei ungeeignet in einem Hörspiel für Kinder. Weit gefehlt: gerade hier handelt es sich um Rezipienten, die noch über jene klangmagische und mythopoetische Phantasie verfügen, der sich Peters mächtiger Zauberspruch intuitiv und selbstverständlich erschließt.

※

Im Moment, da Peter sein lebendes pochendes Herz vom Holländer-Michel zurückgewinnt, wird er wieder der Vergangenheit mächtig: *Dann aber sah er mit Entsetzen auf sein Leben zurück wie auf das Gewitter, das hinter ihm rechts und links den schönen Wald zersplitterte. Er dachte an Frau Lisbeth, sein schönes, gutes Weib, das er aus Geiz gemordet; er kam sich selbst wie der Auswurf der Menschen vor, und er weinte heftig, als er an Glasmännleins Hügel kam.* Er gewinnt die Kraft eines Erinnerns zurück, das Fühlung herstellt zur sinnlich gelebten Vergangenheit. Der heftige Tränenstrom zeugt von einem Eingedenken, das kathartisch den Körper ergreift und Erinnerung erst zu einer wahrhaft menschlichen macht. Die

Versteinerungen von Geist und Seele verflüssigen und lösen sich. Es zeigen sich die Konturen einer Sphäre, die Widerstand leistet gegen die Deformationen, welche die bürgerliche Ökonomie der Vergangenheit auferlegt. Auch das Kapital bedarf des Bezuges zur Vergangenheit, freilich in einer Form, die dieser Hören, Sehen und Fühlen austreibt. Niklas Luhmann: „Denn Kapital ist doch nichts anderes als angesammelte Vergangenheit, die als verfügbare Ressource behandelt werden kann, ohne daß die Lern- und Aneignungsprozesse selbst erinnert werden müßten." In der Genese eines großen Vermögens verdampft alles Persönliche: der Fleiß, das Engagement, nicht zuletzt auch die Entbehrungen und das Leid all derer, die zur Akkumulation des Geldes beitrugen. Individuelles vergeht und verflüchtigt sich unter der nivellierenden Gewalt der abstrakten Geldform. Den Begriff „Humankapital" wählt man zum Unwort des Jahres 2004. Pecunia non olet heißt auch, daß vom Kapital alles getilgt wurde, was noch an Blut, Schweiß und Tränen erinnern könnte. Das Kapital ist ein Erinnern ohne Erinnerungen. In diese Richtung zielt wohl Balzac mit seinem bekannten Diktum, das eindringlich die dunkle Seite des Kapitalismus ins Licht der Erkenntnis rückt: hinter jedem großen Vermögen verberge sich ein Verbrechen. Der leidenschaftliche Kapitalismus- und Globalisierungskritiker Jean Ziegler argwöhnt sogar, das geheime Ideal fast eines jeden Bankers oder Konzernchefs sei der Mafioso. Die Finanzkrise der letzten Jahre gibt nicht nur ihm, sondern auch dem Hauff-Märchen auf gespenstische Weise Recht. Peter war auf dem Höhepunkt seiner Kapitalistenkarriere unempfindlich gegenüber dem menschlichen Leid, aus dem seine Geldvermehrung sich speiste. Nun freilich dringt sein kathartisches Erinnern durch die Oberfläche der bürgerlichen Ökonomie und richtet den Blick auf den schrecklichen Preis des Geldes.

*

Ein *ungeheurer Auerhahn* besiegt den *Kunstprügel* des Widersachers, die zur Schlange mutierte Flößerstange des Holländer-Michel. Der gefiederte Sendbote des Glasmännleins rettet Peter vor den Attacken des bösen Waldgeistes. Man könnte an den Adler des Zeus denken, der hier in alemannisch-regionaler Version wiederkehrt. Noch andere Motivspuren lassen vermuten, daß eine anspruchsvolle mythologische Deutung durchaus ihre Berechtigung haben mag. Als das Glasmännlein sich nach der ersten Begegnung von Peter Munk verabschiedet, zieht es *ein ungeheures Brennglas hervor, trat in die Sonne, und zündete seine Pfeife an.* Die biedermeierlich-gemütliche Variante des Gottes, der dem Feuer gebietet? Schließlich verschwindet der gütige Waldgeist *in einer Rauchwolke, die langsam sich kräuselnd in den Tannenwispeln verschwebte.* Die Mythen fast aller Völker kennen den Gott, der sich in der Wolke verhüllt, bis hin zu Jahwe, der in Gestalt einer Rauchsäule den Kindern Israels voranschwebt. Zugleich ist es höchst gefährlich, sich dem Gott auf unbotmäßige und zudringliche Weise zu nähern. Peter verlangt bei der zweiten Begegnung vom Glasmännlein *zweimal hunderttausend harte Taler und ein Haus.* Um seiner Forderung brachialen Nachdruck zu verleihen, faßt er *das Männlein unsanft am Kragen.* Doch sogleich verwandelt der Attackierte sich in *glühendes Glas* und brennt in Peters Hand *wie sprühendes Feuer.* Noch eine weitere Motivspur: Manche Legenden berichten vom Herrgott, der sich in Bettlergestalt unter die Menschen begibt, um deren fromme

Mildtätigkeit zu erproben. So auch das Glasmännlein, wenn es als *altes Männlein*, ächzend und keuchend unter der Last eines schweren Sackes, die schöne Lisbeth dazu bringt, gegen die Weisung ihres kaltherzigen Ehemannes dem natürlichen Gebot der Barmherzigkeit zu folgen. Als Peter wenig später versucht, die Tötung seiner Frau gar noch dem Glasmännlein anzulasten, zeigt der gute Waldgeist vollends, was an übermenschlicher Kraft in ihm steckt. Kaum hatte Peter seinen Vorwurf geäußert, *so wuchs und schwoll das Glasmännlein und wurde hoch und breit, und seine Augen sollen so groß gewesen sein wie Suppenteller und sein Mund war wie ein geheizter Backofen und Flammen blitzten daraus hervor. Peter warf sich auf die Knie, und sein steinernes Herz schützte ihn nicht, daß nicht seine Glieder zitterten wie eine Espe. Mit Geierskrallen packte ihn der Waldgeist im Nacken, drehte ihn um, wie ein Wirbelwind dürres Laub, und warf ihn dann zu Boden, daß ihm alle Rippen knackten. „Erdenwurm!", rief er mit einer Stimme, die wie Donner rollte, „ich könnte dich zerschmettern, wenn ich wollte, denn du hast gegen den Herrn des Waldes gefrevelt."* Flammenmund, Donnerstimme und Sturmwind: gängige Ausdrucksformen des zürnenden Gottes. Sie künden von der strafenden Allgewalt einer höheren Macht, die den *Erdenwurm* Mensch mit Zernichtung bedroht.

✳

Der versöhnliche Märchenschluß, der für Peter und seine Familie ein gesellschaftsfernes Glück im Winkel bereithält, balanciert auf der Grenze zwischen realitätsverdrängender Trivialität und historischem Wahrheitsanspruch. Doch der Text entgeht der Gefahr des Kitschigen, weil es dem Autor gelingt, das Happy End durch eine markante Kluft, durch einen deutlichen Hiatus vom Vorherigen zu trennen. Peters Todeswunsch wird zur Schwellenerfahrung, die das weitere Schlußgeschehen von der sozialen Wirklichkeit abrückt. Wieder im Besitz seines warmen Herzens, gewinnt Peter die Kraft des Eingedenkens zurück. Er erinnert sich seiner Untaten und erfährt sich im Nachhinein als *Ungeheuer*, dem nichts anderes übrig bleibe, als sein *elend Leben* zu beenden. *Schlaget mich lieber auch tot, Herr Schatzhauser.* Das Glasmännlein scheint diesen Wunsch erfüllen zu wollen. Eine Axt, wohl nicht zufällig das Hauptwerkzeug der Holzfäller, ist rasch zur Hand. Peter *erwartete geduldig den Todesstreich.* Das Szenario ähnelt dem einer Hinrichtung. Als beugte ein Delinquent sich vor dem Beil des Henkers. Zeichenhaft spielt die Szene mit der schlimmsten Strafe, welche die Menschheit ersann. Das Ritual der Hinrichtung setzt, wenn auch nur fiktiv, den tödlichen Schlußpunkt unter eine sündige Karriere, die immerhin im Gattenmord gipfelte. Alles was nun folgt, spielt gleichsam in einer anderen Sphäre, die nicht mehr von der bürgerlichen Welt ist. Erst in dieser Entrückung, jenseit der sozialen Realität, kann dann auch die erschlagene Lisbeth wieder auferstehn und den Sünder in verzeihender Liebe empfangen. So wie Gretchen am Ende des „Faust II" den früh geliebten Faust nach seinen vielen Irrungen und Wirrungen als „reuig Zarten" in den höheren Sphären willkommen heißt. Doch die Welt der Versöhnung, in die Peter Munk nun eintritt, sie bleibt nur erträglich, weil zuvor zwischen ihr und der gesellschaftlichen Realität sich die Möglichkeit des Todes als nicht mehr wegzudenkende Kluft auftat. Auf Peters Glück im Winkel fällt so ein leiser Schimmer von Jenseits, Auferstehung und Erlösung. Die Choreographie des Schlusses offenbart ein bemerkenswertes geschichtliches Taktgefühl. Denn solche Entrückung war unvermeidlich, weil die historische Realität des Kapitalismus, die der Text zuvor mit beträchtlicher Radikalität entwarf, ein diesseitiges Glück kaum mehr hätte dulden können.

❊

Erst gegen Ende der Erzählung erfährt man, daß Munk, auf dem Gipfel seiner kapitalistischen Macht, sich ein stattliches Anwesen erwarb, das *prachtvolle Haus des reichen Peters*. Die rücksichtslose und herzlose Geldvermehrung findet ihren Ausdruck in einer repräsentativen Architektur. In Goethes „Faust II" krönt der Titelheld sein ehrgeiziges Deichbau- und Landgewinnungsprojekt mit einer Topographie der Macht: ein „Palast", durch einen Kanal mit dem Meere verbunden, wo der diabolische Helfer Mephisto einen einträglichen Fernhandel aufzieht, der auch die brutalsten Mittel nicht scheut: „Krieg, Handel und Piraterie, / Dreieinig sind sie, nicht zu trennen." Ähnlich verfährt Wotan, der in Wagners „Ring" seine Trutzburg Walhall vollendet, nachdem er zuvor gewaltsam den Ring an sich brachte, in dem, seit Alberichs Minnefluch, Macht und Gold sich auf Kosten von Liebe und Versöhnung zur inhumanen Allianz vereinten. Doch der starken Burg ist keine Dauer beschieden. Am Ende der „Götterdämmerung" versinkt sie mit den Göttern im Lodern des alles verzehrenden Weltenbrandes. Peters Anwesen trifft ein ähnliches, freilich weniger universales Schicksal. *Das prachtvolle Haus des reichen Peters stand nicht mehr; der Blitz hatte es angezündet und mit all seinen Schätzen niedergebrannt.* Auch hier die purgierende Gewalt der Flammen, die wie ein göttliches Strafgericht den Reichtum des Geldversessenen mit einem Schlag seiner Nichtigkeit überführt. Einzig Fausts Palast scheint auch weiterhin Bestand zu haben. Doch der Schein trügt. Zwar bleibt das Gemäuer intakt, doch die Sorge dringt ungebeten ins prachtvolle Gebäude ein und zehrt von innen die Macht und die Herrlichkeit des Tatmenschen auf, der sich anmaßt, die Welt, die Natur und auch die menschliche Gesellschaft nach seinem Bilde zu formen.

*

Nach dem Sieg über Holländer-Michel erlebt Peter sein wiedergewonnenes Herz auf besondere Weise: *Sein Herz pochte freudig, und nur darum, weil es pochte.* Das Schlagen des Herzens findet Sinn und Zweck, ja sogar Lust in sich selbst. Was auf den ersten Blick tautologisch und wenig sinnvoll scheint, enthüllt sich als Ausdruck wiedererlangten Menschentums. Man mag an Kants Bestimmung des Menschen als eines „Zwecks an sich selbst" denken, eines Daseins, das „den höchsten Zweck selbst in sich" findet. Diese unveräußerliche Prämisse sinnhafter menschlicher Existenz ging verloren, als Peter sein Herz gegen Geld und *Marmelstein* eintauschte. Das zentrale Organ von Seele und Gemüt wurde zweckentfremdet im Moment, da es in den Besitz des Verführers überging und sich einreihte in die Sammlung der anderen Herzen. Das freudige Pochen signalisiert die Befreiung vom Bann des reinen Verwertungsprinzips, dem das Herz verfiel, als es gegen anderes eingetauscht und wie eine Ware gehandelt wurde. Peters Sieg gerät zum Triumph über die Macht des Geldes. Das Geldprinzip duldet keinen anderen Zweck als den eigenen. Die Menschen und die Dinge sind ihm nur mittelbar, nur als Tauschobjekte von Interesse. Das Negativ des Selbstzwecks, da es nur um die von aller menschlichen Praxis abgekoppelte Selbstvermehrung des Kapitals geht. Auf dem

Höhepunkt seiner kapitalistischen Karriere, das Steinherz noch in der Brust, war Peter nur bemüht, *reich und immer reicher zu werden.* Gegen diese sinnlose, allem Menschlichen entfremdete ökonomische Tautologie steht nun die Lust des pochenden Herzens. Das Leben lebt wieder. Der Mensch ist sich wieder Mensch.

*

Schon im 17. Jahrhundert präsentiert Jean de La Fontaines Gedicht „Der Schäfer und das Meer" einen frühen Schicksalsgenossen des Peter Munk. Ein geruhsam und beschaulich lebender Schafhirte, beheimatet an der Meeresküste unweit eines florierenden Handelshafens, muß Tag für Tag mit ansehen, wie man am Kai die prächtigen und gewinnbringenden Warenmengen ein- und auslädt. Der Anblick all dieser Reichtümer raubt dem einfachen Mann die Seelenruhe. Für ihn wie später auch für Peter Munk gilt: „Der Wünsche weites Meer kann mächtig locken." Geblendet von der Aussicht auf Reichtum und Luxus, verkauft der Mann seine Herde und investiert den Erlös in überseeische Handelsgeschäfte: „Das Geld vertraut als Ware er der Flut." Doch das Schiff versinkt im Sturm. Ein Totalverlust, der das eingesetzte Kapital mit einem Schlage vernichtet. Nach Jahren mühevoller und entbehrungsreicher Lohnarbeit ist der Schäfer wieder in der Lage, eine neue Schafherde zu erwerben. Auch hier die versöhnliche Rückkehr zum Anfang. Fortan bleibt La Fontaines Held unempfindlich gegenüber den Verlockungen der „reichbeladenen Schiffe". Wie später Peter Munk in seinen Köhlerberuf, so fügt auch er sich zufrieden ins bescheidene Schäferdasein. Doch hier wie dort überzeugt der glückliche Schluß nur, weil er sich in die schützende und gesellschaftsferne Obhut des Märchens rettet, in eine Sphäre, die nicht von dieser Welt sein will.

*

Aus der väterlichen Köhlerhütte macht das Glasmännlein ein idyllisches Refugium für Peter und seine Familie. *Sie war zu einem schönen Bauernhaus geworden, und alles darin war einfach, aber gut und reinlich.* Der Rückzug aus der gesellschaftlichen Realität geht einher mit der Flucht ins Einfache. Nicht anders verfährt Adalbert Stifter im „Nachsommer", wo der Held Heinrich Drendorf zu guter Letzt die städtische Welt hinter sich läßt, um auf dem Lande, wie es am Schluß des Romans heißt, „Einfachheit, Halt und Bedeutung" zu finden. Noch im 20. Jahrhundert gibt Ernst Wiechert seinem Rückzugs-Roman den Titel „Das einfache Leben". Das Einfache wird zur Chiffre eines Eskapismus, der die Kontingenz der Moderne flieht und sein Heil in gesellschaftsferner Schlichtheit und Genügsamkeit sucht. Bei Hauff das Bauernhäuschen im Wald, bei Stifter das niederösterreichische Landgut, bei Wiechert die Fischerhütte am Strand. In der motivischen Konstanz des Wortes ‚einfach' verbirgt sich Sozialgeschichte. Das nachgerade obsessive Festhalten am Schlichten zeugt von Allergie gegenüber der Komplexität und den Mehrdeutigkeiten einer modernen Gesellschaft, die der Einzelne mehr und mehr als widersprüchlichen und turbulenten Erfahrungsraum erlebt. Die Flucht ins Vor- und Unterkomplexe versucht alles abzuwehren, was die bürgerliche Welt dem wahrnehmenden Bewußtsein an Chocs, an Simultaneität, an Vielfalt und Unübersichtlichkeit aufbürdet. Doch es geht auch anders. Baudelaire, beheimatet im urbanen Biotop der Hauptstadt Paris, entdeckt die Chaotik der Großstadt als faszinierenden Raum der geistigen und sinnlichen Abenteuer. Er macht, wie später Aragons „Paysan de Paris" oder Bretons „Nadja", aus der Not des modernen Erfahrungsdrucks eine Tugend. Er wird zum poetischen peintre de la vie moderne, der sich fast süchtig der turbulenten Moderne hingibt und sie als Inspirationsquelle für seine verstörend schönen „Fleurs du Mal" nutzt. Einem solchen kaleidoskopischen Bewußtsein geriete alles Einfache zum Albtraum.

✻

Gottfried Keller schreibt an Hermann Hettner über den schwäbischen Kollegen: „Hauff scheint mir ein wahres Genie, ein Dichter zu sein." Ein Lobpreis, den man auch autobiographisch deuten könnte. Beide verlieren früh den Vater, beide tragen das Thema Vaterlosigkeit in ihre Dichtungen hinein. Keller vor allem im „Grünen Heinrich", Hauff im Roman „Lichtenstein", dessen Held Georg von Sturmfeder ohne Vater aufwächst. Peter Munk ereilt ein ähnliches Schicksal. Wie später Kellers Heinrich Lee verbringt er einen Teil seiner Jugend allein in der Obhut der Mutter. Es scheint sogar, als habe Hauffs Märchen seine Motivspuren in Kellers großem Roman hinterlassen. Peter Munk präsentiert sich der Dorfgemeinschaft am Sonntag *in des Vaters Ehrenwams mit silbernen Knöpfen.* Lee schlüpft in den Rock des Vaters, in „das grüne Kleid", an dem „die schimmernden Metallknöpfe" schon früh die Aufmerksamkeit des Knaben erregten. Für beide bleibt die Vater-Imago zunächst bestimmend. Bei Peter Munk in der Wahl des Köhler-Berufes, *weil er es bei seinem Vater auch nicht anders gesehen hatte.* Heinrich Lee internalisiert ein heikles Vaterbild, das ihm die Mutter als strenge

Mahnung ins Gemüt einsenkt. Wenn beide Helden dann die Sphäre des Herkommens verlassen, bedeutet dies zugleich Abschied von der Vaterwelt, ein Fortstreben aus bislang unbefragter, nun freilich unkräftiger Tradition. Sie brechen auf in neue soziale Welten, zudem verlassen sie für einige Zeit die heimatliche Region und gehen auf große Fahrt in fremde Gegenden. Man gerät an gute wie an schlechte Väter. Hauff läßt im Gegeneinander von Glasmännlein und Holländer-Michel die moralische Unterscheidung allzeit deutlich werden. Die Gattung Märchen braucht die Polarität von Gut und Böse. Der Realist Keller, der sich der Kontingenz und dem Erfahrungsdruck des fortgeschrittenen 19. Jahrhunderts nicht verweigern kann, führt seinen Romanhelden in verstörende Begegnungen mit zumeist dubiosen und ambivalenten Vaterfiguren. Peter Munk wie auch Heinrich Lee finden schließlich zurück in die Welt des Herkommens, nach vielen Irrungen und Wirrungen. Peter in den Köhlerberuf, den das gütige Glasmännlein realitätswidrig mit allen Zeichen der Idylle ausstattet. So einfach mag Keller es sich nicht machen. Er zollt der Ambivalenz der Moderne seinen Tribut. Er offeriert in den unterschiedlichen Schlüssen der beiden Romanfassungen ein schlimmes und ein halbwegs glückliches Ende.

＊

Norbert Schultzes Oper „Das kalte Herz" (1943) treibt Hauffs Märchen die analytische Ehrlichkeit aus. Das Libretto von Kurt W. Walter läßt das Geschehen um Holländer-Michel nur als Traum daherkommen, den der Köhlerjunge träumt. Ein narrativer Trick, der die dämonischen Qualitäten des Verführers entschärft und neutralisiert, bevor sie von der gesellschaftlichen Realität Besitz ergreifen können. Im Moment, da Peter Munk sich anschickt, den Verlockungen des Holländer-Michel vollends nachzugeben, erwacht er und erhält so Gelegenheit, in der Idylle seines Köhlerdaseins zu verbleiben. Den Surrealisten galten Traum und Träumen noch als subversive Strategien zur Entregelung aller Sinne, als Minen, mit denen man die versteinerten Verhältnisse der spätbürgerlichen Gesellschaft aufzusprengen suchte. In Schultzes Hauff-Oper dient der Traum einzig dem Ziel, der kritischen Analyse die Waffe aus der Hand zu schlagen. Dies unter kräftiger Mithilfe einer Musik, mit der verglichen man Humperdincks „Hänsel und Gretel" eine nachgerade avantgardistische Tonsprache attestieren kann.

*

Im Jahre 1950 gelang den DEFA-Studios der frisch gegründeten DDR eine interessante Verfilmung von Hauffs Geldmärchen. Titel: „Das Kalte Herz". Regie: Paul Verhoeven. Der erste Farbfilm der DDR-Filmindustrie, noch heute durchaus sehenswert wegen seiner guten Schauspieler und der für damalige Verhältnisse eindrucksvollen Filmtricks. Die Option für Hauffs Märchen kam nicht von ungefähr, entsprachen die kapitalismuskritischen Elemente des Textes doch über weite Strecken den ideologischen Intentionen kommunistischer Kulturpolitik. Die Dämonie eines entfesselten Geldprinzips und die Welt der unmenschlichen Ausbeuter mochte man sich als Sujets nicht entgehen lassen. Wie aber war zu verfahren mit der Errettung des reuigen Sünders, insbesondere mit Peter Munks Sieg über Holländer-Michel? Immerhin verdankt dieser Triumph sich dem *Kreuzlein aus reinem Glas*, dem christlichen Symbol, welches das Glasmännlein dem Reuigen als wirkungsvolle Waffe mit auf den Weg gibt. Kein Geringerer als Karl Marx hatte ja seinerzeit die Religion als Opium des Volkes verdammt. So sah man sich genötigt, Peters Sieg anders zu begründen. Im Moment, da Holländer-Michel von Peter das lebendige Herz zurückfordert, hält dieser ihm statt des Kreuzes eine andere, für diesmal weltlichere Waffe entgegen: den persönlichen Mut, sich der Macht des Goldes zu widersetzen und zu verweigern. Peter schleudert dem Riesen ein trotziges „Ich will nicht!" entgegen und ergreift erfolgreich die Flucht. Er erwacht zum Bewußtsein eigener Stärke, so wie Marx es sich vom Proletariat erträumte. Auch Hauffs idyllischer und gesellschaftsferner Schluß ließ sich kaum beibehalten. Er mußte einem sozialistischen Happy End weichen. Peter und Lisbeth ziehen sich nicht ins Glück im Winkel zurück. Sie begeben sich unter die Holzhauer, wo Peter freudig-entschlossen zur Axt greift, ein Werktätiger im Kollektiv der Werktätigen. Ein Einzelner, der seine Arbeitskraft in den Dienst jenes großen Ganzen stellt, das sich bis zum Jahre 1989 mit dem Etikett ‚Arbeiter- und Bauernstaat' schmückte. Doch die im Film präsentierte Apotheose des Kollektivs wird zum unfreiwilligen Geständnis. Sie ähnelt so manchen finalen Beschwörungen des völkischen Glücks in den Blut-und-Boden-Filmen des Dritten Reiches. Les extrêmes se touchent.

*

Der versöhnliche Märchenschluß erzählt von wiedergefundener Heimat. In nachgerade biblischer Diktion weist das Glasmännlein dem reuigen Sünder den Weg: *Zieh jetzt heim in deines Vaters Hütte und sei ein Köhler wie zuvor.* Dies mutet an wie die Reprise des Märchens vom Fischer und seiner Frau, an dessen Ende die beiden

Eheleute wieder in ihrem „alten Pißpott" sitzen, nachdem sie durch übermäßige Gier etliche Chancen auf ein besseres Leben leichtfertig verspielt hatten. Bei Peter Munk entfaltet sich diese Denkfigur in einer weit subtileren Dialektik. Hauffs Märchen geht das Wagnis ein, die idyllische Heimkehr ins Frühere mit den realen gesellschaftlichen Verhältnissen zu vermitteln, denen Peter sich zwischenzeitlich konfrontiert sah. Das architektonische Symbol dieser Synthese ist Peters alte Köhlerhütte. Sie wandelt sich, unter zauberkundiger Mitwirkung des Glasmännleins, zum *schönen Bauernhaus*. Peters sozialer Status verbessert sich, und doch werden die Bindungen an das väterliche Köhlerhandwerk nicht preisgegeben. Eine Rückkehr ins Angestammte, die reichlich Chancen eröffnet, *durch eigene Kraft wohlhabend* zu werden. Fortan bringt nicht mehr die von menschlicher Tätigkeit abgekoppelte Selbstvermehrung des Kapitals den Zugewinn, sondern der eigenen Hände Fleiß. Es geht um die Entsühnung der Geldform, um eine Re-Konkretisierung, welche die unmenschliche Abstraktion des Geldes wieder auf humane Zwecke verpflichten möchte. Im *Patengeschenk* des Glasmännleins, den Tannenzapfen, die sich in *vier stattliche Geldrollen* verwandeln, findet dieser Anspruch seine symbolische Gestaltung. Bislang war, wo es um Geld ging, immer nur von Gulden und Talern die Rede, nicht zuletzt von *Scheinen auf Handlungshäuser*. Nun aber spendiert der gütige Waldgeist *lauter gute, neue badische Taler, und kein falscher darunter*. Die Geldstücke scheinen eingebettet in eine Semantik des Guten und Rechtschaffenen. Sogar der Hinweis auf die *badische* Herkunft läßt sich deuten als diskreter Versuch, die Geldform einzubinden ins Regionale, sie zu imprägnieren mit den Spuren von Heimat und Herkommen. Um solche Entsühnung des Kapitals geht es schon in Goethes erstem „Wilhelm Meister"-Roman. Zu Beginn der „Lehrjahre" erfährt man, der Vater des Helden, ein Kaufmann durch und durch, habe die ererbte wertvolle Kunstsammlung „ins Geld gesetzt", sie aus ökonomischen Erwägungen verkauft. Am Schluß jedoch gelangt Wilhelm wieder in den Besitz der Sammlung, weil die Turmgesellschaft in weiser Voraussicht die Kunstwerke aufkaufte, um sie am Ende dem mittlerweile gereiften Helden zurückzuerstatten. Eine restitutio in integrum, geleitet von der Idee, der abstrakte Geldwert müsse sich wieder zum sinnvollen Gebrauchswert humanisieren lassen. Zeitlebens bemüht sich Karl Marx um eine Theorie der Ökonomie, die der dringend gebotenen Re-Konkretisierung der Geldform gesellschaftliche Handlungsperspektiven eröffnen könnte. Beim jungen Hugo von Hofmannsthal verblassen solche Ansprüche zur elegischen Reminiszenz. Der Siebzehnjährige verfaßt ein Gedicht mit dem Titel „Verse, auf eine Banknote geschrieben". In Ermangelung anderen Schreibpapiers notiert ein Dichter seine Einfälle auf eine Banknote, den „Fetzen Schuld, vom Staate aufgehäuft". Und „wie von einem Geisterblitz erhellt", wird er plötzlich der menschlichen Erfahrungen und Schicksale inne, die in die Geldform Eingang fanden: „Sah ich ein Gedränge, eine Welt. / Kristallklar lag der Menschen Sein vor mir". Das Papiergeld wird geständig: ein „Freibrief grenzenloser Qual". Um das Jahr 1900, also höchst unzeitgemäß, experimentiert das Gedicht mit der Humanisierung des Geldes. Nicht mehr pecunia non olet, sondern Blut, Schweiß und Tränen.

＊

Viermal begibt sich Peter hinauf zum Tannenbühl, um vom Glasmännlein etwas zu erbitten. Während der ersten beiden Versuche geht es nur ums Geld, beim dritten um Peters Seelenheil, beim letzten, nach der Geburt des Kindes, um *nichts anderes, als Euch zu Gevatter bitten bei meinem Söhnlein.* Die Abfolge skandiert eine Entwicklung, die den eigensinnigen Wunsch nach Geld und Sozialprestige hinter sich läßt und Peter zu den Wonnen familiärer Gesinnung führt. Nicht ums eigene Wohlergehen ist es dem Bittsteller am Ende zu tun, sondern um das des Kindes. Doch sind Munks Erwägungen völlig frei von pekuniärem Kalkül? Richtet sich nicht an viele Taufpaten die stillschweigende Erwartung, sie möchten mit einem generösen geldwerten Patengeschenk aufwarten, womöglich mit einem stattlichen Sümmchen, das dem neuen Erdenbürger als Grundstock für ein Sparvermögen dienen könnte? Wer solche Vermutungen äußert, der setzt sich bald dem Verdacht aus, er sei unfähig, dem übermächtigen Diskurs des Geldes zu entrinnen. Denkbar wäre eine alternative Deutung. Reinen Herzens richtet Peter seine Bitte ans Glasmännlein, einzig vom Wunsch geleitet, seinem Söhnlein einen Patenonkel von solch hoher moralischer Qualität zu sichern, wie sie der gütige Waldgeist verkörpert. Und siehe da, dem Verzicht auf jedweden pekuniären Hintergedanken werden dann doch noch die Segnungen des Geldes zuteil. Ein Tannenzapfen, herabgefallen vom Zentralbaum des Glasmännleins, verwandelt sich in *vier stattliche Geldrollen.* Man mag es drehen und wenden, wie man will, wie beim Igel im Märchen ist das Geld immer schon da.

Namensregister

Adorno, Theodor W. 41, 52, 74, 78, 88, 102, 122f.
Andersen, Hans Christian 28, 51, 119
Anschütz, Ernst 34
Aragon, Louis 141
Aristoteles 71, 110
Arnim, Achim von 38f.
Augustinus 71, 111
Bacon, Francis 45
Balzac, Honoré de 84, 87, 98f., 102, 106, 115f., 123, 133
Baudelaire, Charles 20, 46, 76, 140
Becher, Johannes R. 34
Benjamin, Walter 131f.
Benn, Gottfried 58f., 86
Berlichingen, Götz von 77
Bismarck, Otto von 38
Blumenberg, Hans 45, 63
Breton, André 141
Buddha, Gautama 21
Burke, Edmund 55
Busch, Wilhelm 68
Byron, George Gordon Lord 92
Čechov, Anton P. 31
Cézanne, Paul 28
Chomsky, Noam 41
Claudius, Matthias 123
Coen, Ethan u. Joel 121
Coleridge, Samuel Taylor 74
Dante Alighieri 19, 26, 45
De Mol, Linda 42
De Quincey, Thomas 85
Derrida, Jacques 20
Descartes, René 19
Dickens, Charles 115f.
Dostojewski, Fjodor M. 112
Dürrenmatt, Friedrich 77, 90, 102, 120f.
Dumas père, Alexandre 95
Eco, Umberto 20
Eichendorff, Joseph Freiherr von 20, 32, 57, 88, 91

Bibliographischer Hinweis

„Das kalte Herz" wird zitiert nach folgender Ausgabe:

Wilhelm Hauffs Werke in sechs Teilen,
hrsg. v. Max Drescher, Leipzig 1907,
Bd. 1, S. 267–288 (Erste Abteilung)
und S. 351–368 (Zweite Abteilung)